간호사, 딱 3년 만 하라!

20년 제약 마케터가 말하는 간호학 전공에 날개 달기

간호사
딱 3년
만 하라

김정희 지음

북마크

병원에 갇혀 있던 간호사들을
더 넓은 간호사의 세계로 이끌어 준다

청년 실업이 사회적인 문제가 되고 있는 지금도 간호대학 졸업자들의 취업률은 매우 높은 편이고, 여러 의미로 간호사는 여전히 매력적인 직업군이다. 그렇다면 간호사들은 정말로 병원에서만 그 빛을 발하는 직업군일까? 결코 그렇지 않다는 것을 이 책의 필자는 외치고 있다.

이 책에서 필자는 간호학도일 때 학교에서 배웠던 것들은 그야말로 '교과서'일 뿐 전혀 다른 현실이 있었음을, 그래서 더 힘들었음을 솔직하게 고백하고 있다.

이 책의 구성과 많은 아이디어는 필자의 생생한 경험을 기반으로 하며, 간호사라는 직업에 대한 자화자찬이나 자기비하 없이 스스로가 직업 현장에서 느끼는 현실을 생생하게 들려주고 있다. 그러나 이런 고백이 그저 현실에 대한 푸념으로만 그치지 않는데 이 책의 매력이 있다.

새로운 영역을 개척한 간호사 선배들이 등장해 그들의 일에 대해 소개한다. 즉, K-Med 국제의료협력센터, 시장진입전문가(Market Access Specialist), 해외 취업 간호사 등 아직은 이름도 생소한 분야에 진출한 선배 간호사들이 더 넓은 간호사의 세계로 이끌고 있다.

　이 책은 병원에 갇혀 있던 간호사들이 도전하고 개척해야 할 새로운 분야를 알려 준다. 그래서 자신의 진로를 결정해야 하는 간호학도 및 자신의 꿈을 다시 꾸는 간호사들에게 길잡이가 되기를 기대한다.

정귀임 교수(고신대학교 간호대학 간호학과장)

간호사에 대한 고정관념을 유쾌하게
깨부수는 책

함께 근무하던 시절, 김정희 코치는 우리 병동의 꽃이었다. 야유회나 모임이 있을 때마다 스스로 '찍사'를 자처하며 우리를 이쁘게 찍어주느라 동분서주했고, 언제나 우리 모임의 활력소가 되어주었다. 병원 간호사로서의 근무가 직장생활의 전부인 나로서는 저자가 기록한 책 내용이 가히 충격적이다. 어디로든 갈 수 있는 전공이 간호학임을 알고 있었지만, 저자처럼 간호학 전공에 날개를 달 생각을 하지 않았던 터라 저자의 경험과 경력이 부러울 따름이다.

이 책은 간호학을 공부하거나 전업을 생각하는 사람들에게 소중한 정보와 희망의 메시지를 전달하고 있다. 자신의 경험을 소개하면서 우리의 직업에 대한 고정관념을 아주 재미있게 깨부순다. 소소하면서도 참으로 지혜로운 접근이라 생각한다.

간호학을 전공하고 싶은 사람들, 진로를 고민하는 사람들, 즐거운 직장생활을 통한 전문가가 되고 싶은 사람들, 그리고 그러한 사람들에게 멘토 역할을 해야 하는 사람들이라면 꼭 한번 읽어보길 권한다.

25년 전에 함께 일했다는 인연으로 저자의 글을 먼저 접할 수 있는 기회를 얻게 되어 기쁘게 생각하며, 이 책을 통하여 많은 간호학생들과 간호사들이 새로운 길에 도전하고, 진로를 설계하길 바란다. 여러 분야에서 저마다의 전문성을 발휘하여 사회를 위한 의미 있는 일들을 해내길 기대한다.

박옥심 부장(고신대학교 부속 복음병원 간호부)

간호학도인 나의 딸에게 꼭 들려주고 싶은 간호사의 진로

   김정희 국장. 아직도 나는 그녀를 이렇게 부른다. 오랜 시간 함께 일하면서 자연스레 입에 밴 호칭이라 그런 것 같다. 그런 그녀에게서 어느 날 연락이 왔다. 책을 하나 낸다고 했다. 바쁜 일상을 접고 코칭 공부를 하고 있다고 들었는데 언제 또 글을 썼다는 건지….

   거기에는 그녀의 인생 역정, 그러니까 정확하게는 간호대생으로 시작해 현재 전문코치로 활동하기까지의 이야기들이 담겨 있었다. 오랜 시간 그녀와 함께 근무하면서도 처음 접하는 생소한 이야기부터 그녀의 열정이 새삼 다시 느껴지는 이야기까지 다양했다.

   일종의 성장소설 같은 느낌도 주는 그녀의 글에는 기존의 간호사들이 걸어온 이력과는 다른 색다른 인생 여정이 담겨 있다. 또한 저자는 이 책에서 간호사의 영역이나 진로가 매우 다양함을 말하고 있다. 이는 저자가 "간호사 출신의 1세대 제약 마케터로서 간호사들이 제약 마케팅이라는 새로운 무대에서 스타가 되기를 간절히 소망한다"고 말한 것에서도 잘 나타난다. 그만큼 저자는 후배 간호사들이 보다 다양한 시각을 갖고 보다 넓은 바다로 항해할 수 있기를 바라는 마음에서 이 책을 썼다고 할 수 있다.

　간호학을 공부하기를 희망하거나 이미 전공을 하고 있는 학생, 혹은 이미 졸업을 하고 의료 현장에 몸담고 간호사들에게 저자가 던지는 메시지는 분명하다. 어느 대기업 회장의 말처럼 '세계는 넓고 할 일은 많다'는 것이다. 스스로 진로나 인생을 편협하게, 고정관념에 붙들어 맬 것이 아니라 새롭고 넓게 시야를 넓혀 보라는 것이다. 거기에 새롭고도 흥미를 느낄 수 있는 일은 얼마든지 있다는 희망의 메시지이다. 마침 나의 딸아이도 간호학도인데 인생의 선배가 좋은 미래를 제시해 주시는 것 같아서 맘이 뿌듯하다.

유경숙 대표(GH Korea Health)

미지의 길, 새로운 길을 고민하는 독자들을 위한 훌륭한 참고서

오길비에서의 김정희 부국장을 생각할 때면, 거침없고 자신감에 차있는 얼굴이 떠오릅니다. 프로젝트 단위로 운영되는 에이전시 업계의 특성상, 일정에 대한 압박이나 결과물에 대한 걱정 등으로 쉽지 않은 상황인데도 뭐 그리 신나는 표정을 하며 회사를 다니는지 신기하다고 생각한 적도 많았습니다.

오랜만에 다시 만난 그녀가 보내준 원고를 보면서 우선 너무 재미있어서 놀랐고, 오길비 전후로 내가 몰랐던 그간의 이야기들을 알게 되면서 그녀가 가진 긍정의 무한 에너지를 이해하게 되었습니다. 즉 경험에 머무르지 않는 새로움에 대한 호기심과 하고 싶은 일을 찾아 실행하는 결단력은 매일의 부단한 노력에서 마침내 만들어진 것이었습니다.

모든 부모는 늘 자식의 장래를 걱정하며, 적성에 맞는 직업을 찾아 행복하게 살기를 소망합니다. 하지만 부모가 줄 수 있는 조언은 그들의 한정적인 경험에 기반하기에 시대에 뒤떨어진 경우가 많습니다. 부모들도 이 사실을 알고 있고, 그래서 모두들 불안한 것이라고 생각합니다. 그런

점에서 이 책은 간호학 전공자로서 흔치 않은 다양한 진로들에 대한 생생한 경험들을 알려주고 있어, 미지의 길이나 새로운 길을 고민하는 독자들에게 훌륭한 참고서가 될 것으로 생각합니다.

장수경 Principal(한국 아이큐비아(주))

우리가 놓치지 말아야 할 직업의 가치에 대한 통찰력을 주는 책

저자는 간호학과를 졸업하고, 임상 간호사, 손해사정 조사원, 제약 마케터를 거쳐 진로코치로 성장하고 있는 중입니다. 간호사의 틀을 과감하게 뛰어넘어 새로운 영역에 도전해 성취를 만들었고, 이제는 또 다른 길을 가고 있습니다.

간호학과를 졸업하면 어떤 미래가 펼쳐질지 우리가 아는 길은 정해져 있습니다. 그러나 저자는 마음에 이끌려 다른 길을 걸었고, 이 책에서 그 길과 업무에 대해 현미경으로 보듯 자세하게 설명하고 있습니다. 물론 그 과정에서 코치답게 후배들이 놓치지 말아야 할 직업의 가치에 대해서도 조언하고 있습니다.

간호사에 특별히 관심이 없는 독자들도 이 책을 읽으면 직업세계란 어떤 것인지, 직무는 어떻게 이해해야 하는 것인지를 알게 해줍니다. 새로운 직업으로 옮겨가고 싶은 사람, 현재의 능력을 바탕으로 배우지 않은 일을 해보고 싶은 사람, 한계를 뛰어 넘고 싶은 사람들이 통찰력을 얻을 수 있을 것입니다.

간호사를 꿈꾸는 중고등학생, 간호학을 전공하는 대학생, 간호학을 전공하고 현업에 종사하면서 새로운 길을 고민하는 간호사분들이 꼭 읽어야 할 책이라고 확신합니다.

김창 커리어디자이너(한양대학교 겸임교수)

경계를 넘나든 경력의
어드벤처 스토리

대부분 자기 전공을 잘 모르고 대학에 들어간다. 나도 그랬다. 국립대 아니면 대학 못 보낸다는 아버지의 철통 가이드라인 때문에 성적에 맞춰 선택했기 때문이다. 그래서 전공을 싫어하기도 하고 바꾸려고 노력하기도 한다. 하지만 그게 운명의 경력 출발선이다. 문제는 이후 어떻게 스스로 경력을 탐구하고 발전시켜 왔느냐이다.

저자는 간호학으로 시작해서 병원, 의료기기 회사, 제약회사 등 연관 산업을 넘나들면서 전문가로 성장해왔다. 본인의 정체성도 간호사에서 마케터로, 기획자로, 나중에는 코치로 계속 변화했다. 삶에서 정말 자기에게 잘 맞고 유익한 것을 선택하려면 새로운 분야를 탐구하는 호기심과 좀 두렵더라도 시도해보려는 도전정신이 필수다.

저자는 호기심과 도전정신으로 계속 정진했다. 경력이 하나의 여정이라면 이 책은 경계를 넘나든 어드벤처 스토리이다. 전공의 경계를 넘어 스스로를 성장시키려는 사람들에게 일독을 권한다.

고현숙 교수(국민대 경영대학원, 리더십과 코칭 MBA 교수)

책을 다 쓰고, 출판사의 편집 작업이 마무리되길 기다리면서 마지막까지 이 책의 제목을 고르느라 많은 시간을 들였습니다. 힘들게 쓴 책이 부디 많은 간호대생과 간호사분들에게 읽히기를 바라는 마음에 제목을 고르고 또 고르고, 고른 제목을 다듬고 또 다듬었습니다.

'간호사, 딱 3년 만 하라'

어떤 기대감으로 이 책의 첫 장을 넘기셨나요?

겨우 간호사 3년 하자고 힘들게 4년이나 공부한 건 아닌데 생각하셨나요? 아니면 3년은 무슨 3년, 3달도 못 버티겠다며 부글부글 끓는 속마음을 누르고 계신가요? 물론 병원 생활 3년을 채웠으니 미련 없이 병원을 때려치우라는 얘기가 아닙니다.

'남들도 다 하는 거 조금만 참고 버텨봐'라는 말로는 조금의 위안도 되지 않을 만큼 병원은 많이 힘들고, 병원에서의 생활은 기대만큼 행복하지 않습니다.

병원과 헬스케어 시스템을 이해하고 간호 직무에 전문성을 가질 수 있는 시간, 내가 어떤 분야에 더 관심이 있고 내가 어떤 일을 잘하는지 아는데 필요한 시간, 그 시간은 3년으로 충분하다는 얘기를 하고 싶은 겁니다. 그 이후에는 여러분이 원하는 분야로, 더 잘 할 수 있는 분야로, 재미있는 분야로 점핑하십시오. 당신 안에는 이미 충분한 자신감이 내재되어 있을 겁니다.

이제 당신 앞에 여러 길이 열려 있습니다

신랑과 연애할 때의 일입니다. 제가 어떤 일을 하는지 신랑이 물어보더군요. '제약 마케팅'이라고 말했더니 머릿속으로 뭔가 열심히 생각하는 눈치였습니다. 애정을 담뿍 담아 이해하기 쉽도록 다시 설명했습니다.

"100분 토론 아시죠? 거기 나오는 손석희 앵커처럼 저도 의사 선생님들 여러 분을 모시고 중요한 이슈에 대해 물어보는 일을 해요. 가령 당뇨나 고혈압 신약이 나왔을 때 약의 특장점을 설명해주고 기대하던 제품인지, 만약 이 제품을 처방한다면 어떤 환자에게 쓰고 싶은지, 가격은 얼마였으면 좋겠는지, 그런 걸 물어보죠."

그 당시 신랑은 저의 설명을 듣고 제약 마케팅을 이해했을까요? 아마 쉽지는 않았을 것입니다. 그 후로도 저는 제 일을 물어오는 사람들에게 그렇게 열심히 저의 일을 설명합니다. '제약계의 손석희다'라는 자부심을 가지고, 그로부터 오랜 세월이 흐른 지금까지도.

6, 7년 전에 가족과 함께 세부 여행을 갔습니다. 패키지로 여행을 함께 했던 일행 중에 서울대병원 간호사가 한 명 있었습니다. 병원 생활이 6년차라던 그 친구는 병원 생활이 힘들어 일 년에 한 번씩 이렇게 해외여행으로 본인의 에너지를 충전한다 했습니다. 며칠 동안의 여행에서 자연스레 제가 하는 일을 말했고, 굉장히 관심 있어 하는 그 친구에게 제 연락처를 알려주었습니다. 하지만 여행이 끝나고 그 친구에게서 끝내 연락은 오지 않았습니다.

많은 간호사들이 병원 밖 세상을 꿈꿉니다. 하지만 본인이 모르는 그 세계로 발을 내딛는 것은 아프리카 대륙으로 의료봉사를 가는 것만큼이나 힘든 결정입니다. 많은 간호사들이 병원만큼 전문성을 인정받을 수 있고, 병원만큼 의미 있고, 병원보다 재미있는 일을 원합니다. 하지만 그들은 공무원이나 보건교사말고 될 수 있는 간호사의 전문 영역을 알지 못합니다.

이 책에는 병원 새내기 간호사가 병원 밖으로 나와 어떻게 제약 마케터가 되었는지의 과정이 상세하게 담겨있습니다. 제약 마케팅이 무엇인지, 우리나라 의료 환경에서 실제적인 제약 마케팅은 어떤 식으로 운영되는지 다양한 사례로 설명하고 있습니다. 그리고 간호학이라는 학문과 병원에서의 임상 경험이 제약 마케터에게 어떤 자산이 되는지, 어떤 성격과 능력을 가진 사람이 제약 마케터 일에 유리한지 알려주고 있습니다. 제약 마케터는 참으로 멋진 직업입니다. 또한 책에는 제약 마케터 외에도 다양한 전문 분야에서 활동하고 있는 간호사들의 인터뷰를 통해 간호 영역의 새로운 전문 직업들을 살펴보았습니다.

병원은 간호사 진로의 A부터 Z가 아닙니다

'간호사, 딱 3년 만 하라'고 했지만 간호학은 3년 아니 30년을 해도 좋은 전공입니다. 왜냐하면 간호사의 진로는 무궁무진하게 많으니까요. 물론 간호사의 진로가 병원으로 한정되지 않음을 알기만 한다면요. 간호사는 임상이나 회사, 지역사회에서도 환영받는 전문가가 될 수 있습니다. 재미와 의미를 찾아 일할 수 있는 간호의 영역은 별처럼 많습니다.

보석처럼 반짝반짝 빛나는 멋진 후배들을 만났습니다. 한 번의 인터뷰로는 모자라 여러 차례의 메일과 톡이 오가는 중에 그들의 열정을 느낄 수 있었습니다. 그들은 누구보다 도전정신이 가득하고 누구보다 현재를 열심히 살고 있는 멋진 간호인입니다. 후배님들이 무척이나 자랑스럽습니다.

요즘 병원의 태움 문화로 인해 안타깝게 생을 마감하는 간호사들의 뉴스를 심심치 않게 접합니다. 물론 그 간호사들의 사정은 우리가 속속들이 알지 못합니다. 하지만 병원이라는 환경이 그리 녹록지 않음을 우리 모두는 잘 알고 있습니다. 사랑하는 마음을 꾹꾹 눌러 담아 후배들에게 이 글을 씁니다. 사랑하는 자녀가 병원에서 잘 지내고 있는지 늘 노심초사하시는 간호사들의 부모님을 위해 이 글을 씁니다. 졸업만 하면 취업률이 90%인데 하면서 아이의 학생부 종합전형을 간호학과에 맞추고자 노력하시는 고등학생 학부모님들을 위해 이 글을 씁니다.

이제 고등학생이 되는 딸아이에게 이 책을 제일 먼저 보여주고 싶습니다. 엄마가 대학생들과 사회 초년생들한테 해주고 싶은 이야기가 어쩜 너에게 제일 먼저 해주고 싶은 이야기라고, 네가 빛날 수 있는 곳을 찾아 씩씩하게 달려가라고, 네가 어떤 길을 가든지 항상 엄마는 너를 응원한다고 얘기해줄 겁니다.

부족한 글이지만 후배 간호사들에게 희망의 빛을 전하고자 하는 제 마음을 헤아려 추천서를 써주신 여러 선생님들께도 감사의 말씀을 전합니다. 딸아이보다 먼저 작가의 꿈을 이루도록 힘을 주신 남작 님께도 감사의 말씀을 전합니다. 아울러 언제나 믿음직한 지원군이 되어 그 자리에 있는 남편에게도 사랑한다는 말을 전합니다.

모두 모두 감사합니다.

2020년 3월,
어느 해보다 포근한 겨울 끝자락에서 김정희 씁니다.

CONTENTS

Chapter II. 제약 마케터가 된 김 쌤

Chapter Ⅲ. 코치가 된 김 쌤

Chapter I

창문 넘어 달아난 김 쌤

좋은지 나쁜지 누가 아는가?
삶의 여정에서 막힌 길은 하나의 계시이다.
길이 막히는 것은 내면에서 그 길을 진정으로 원하지 않았기 때문인지도 모른다.
우리의 존재는 그런 식으로 자신을 드러내곤 한다.
삶이 때로 우리의 계획과는 다른 길로 우리를 데려가는 것처럼 보이지만,
그 길이 우리 가슴이 원하는 길이다.
파도는 그냥 치지 않는다.
어떤 파도는 축복이다.
머리로는 이 방식을 이해할 수 없으나 가슴은 안다.

류시화

01
그럼에도 불구하고 간호사

어쩌다 간호학과

대학 입시에서 연거푸 고배를 마셨다. 재수하는 동안 조금 오른 성적에 자만했는지, 곧 대학생이 되면 '고생 끝, 행복 시작'이란 생각에 마음이 들떴는지, 당시 뜨는 전공에 겁도 없이 원서를 냈다. 시험은 어려웠고, 나는 다시 고배를 마셨다. 세상은 정확했고, 요행은 없었다. 세상 잘난 척은 다하며 재수를 했는데, 부모님을 뵐 면목이 없었다.

8차선 도로 한복판에서 얼음물을 뒤집어쓴 것처럼 정신이 번쩍 들었다. 삼수는 계획에도 없었지만 자신도 없었다. 당장 후기 대학을 알아봐야 했다. 어느새 원서접수일이 코앞으로 다가와 있었다. 안정적으로 합격권에 들고, 취업이 잘 되는 전공이면 가릴 이유가 없었다. 그제야 매일 등굣길에 보았던 한 대학병원이 눈에 들어왔다.

고등학교 3학년 무렵, 친할머니는 간암 진단을 받고 그 병원에 몇 달 입원하셨다. 가족들과 몇 번 병문안을 가서 병원 안 풍경을 엿보게 되었는데 병원 공기는 편안했고, 할머니를 돌봐주던 간호사들의 인상도 그리 나쁘지 않았다. 그리고는 병원과 간호사에 대해 까맣게 잊고 살았다. 그런데 나랑 아무 상관이 없던 병원이 내 인생의 가장 중요한 고비에 다시 나타나게 된 것이다.

'그래, 저 병원이 있는 학교에 가는 거야. 학교만 졸업하면 취직은 보장되겠지? 몇 년 다니다가 결혼하고, 결혼 후는 그때 가서 생각하는 거야.'

그때까지 적성검사나 진로상담 같은 건 받아본 적이 없었다. 이과 전공으로 생물이나 화학을 잘하는 편이어서 큰 문제는 없으리라 생각했다. 그렇게 얼렁뚱땅 간호학과에 입학했다.

입학하자마자 졸업을 꿈꿨다. 어쩌면 당연한 수순인지도 몰랐다. 내가 희망하던 전공이 아니라는 생각에, 취업 때문에 어쩔 수 없이 선택했다는 생각에 어서 빨리 학교를 탈출하고 싶었다.

기대한 것도 없었지만 대학 생활은 충분히 기대에 못 미쳤다. 강의실 하나에 60명이 빼곡히 앉아 1교시부터 8교시까지 교수님만 바뀌는, 고등학교 4학년 같은 수업이 매일 이어졌다. 동기들은 교수님의 한마디를 놓칠세라 깨알 필기를 해가며 늘 전투 모드로 공부했다. 어찌나 열심히 공부하는지 옆에서 바라보는 것만으로도 숨이 찼다. 그저 '적당히' 자세를 취하던 나는 일개미들 속에서 점점 베짱이가 되어가는 기분이었다.

1학년 때는 주로 교양 과목을 배운다. 심리학, 전산학, 의학 영어, 간호역사. 수업 양은 많았지만 그래도 부담이 적은 수업들이어서 친구들하고 우르르 몰려다니는 맛에 학교를 다녔다.

2학년 때부터 전공과목들이다. 먼저 1학기 때는 의학 공부의 기본 바탕이 되는 해부학, 생리학, 약리학, 병리학을 배운다. 제일 어렵고 공부할 내용이 많다. 공부해도 티 안 나고, 공부 안 하면 엄청 티 나는 과목들, 시험기간마다 몰아치기 신공으로 겨우겨우 버텨냈다.

요즘은 간호학과가 단과대학으로 승격되었지만, 예전에는 의과대학 안에 의예과, 본과, 간호학과가 함께 있어서 의대생들과 간호대생들이 동아리를 같이 하는 경우가 많았다. 다행히 집에 수동 필름 카메라가 있어서 사진반에 들 수 있었다. 의대 선배들과 이곳저곳으로 출사를 다니며 사진을 찍고, 필름을 현상하고 인화하는 작업을 배웠다.

동아리방은 나에게 참새 방앗간이었다. 점심시간에 동아리방에 들르고, 수업이 끝나면 동아리방에 들렀다. 학교생활에서 남는 시간에 동아리 활동을 하는 게 아니라 동아리 활동을 위해 학교에 가는 식이었다. 동아리방에서 내내 살았다.

각 동아리에는 '골학(骨學)'이라고 하는 전통이 있다. 골학은 뼈에 대한 학문, 한마디로 해부학이다. 생전 처음 접하는 해부학의 방대한 내용은 악으로 깡으로 외워야 할 정도로 엄청난 학습량을 자랑한다. 동아리 선배들은 방학을 이용해 3일 낮 3일 밤 동안 후배들에게 해부학 예습을 시킨다. 이때는 동아리 대대로 내려오는, 동아리의 자랑이기도 한 실제 사람의 뼈를 이용한다. 지금처럼 3D 프린터가 흔해서 사람의 뼈를 인공으로 뚝딱 만들 수 있는 게 아니어서 실제 사람의 뼈를 구해야 하는데, 가격이 굉장히 비싸서 선배들의 후원이 없는 신생 동아리에서는 감히 엄두조차 낼 수 없었다. 하는 수 없이 뼈 없는 골학을 하거나 골학을 해주는 옆 동아리에 가서 청강을 해야 했다.

실제 사람 뼈라는 얘기를 듣고 처음에는 만지지도 못했다. 하지만 만지지 않고 수업을 할 수는 없는 법, 용기를 내서 만지는 순간 방부 처리된 뼈에서 묻어나는 진득한 약물 때문에 기분 나쁜 서늘함이 온몸을 감쌌다. 계속 손을 닦아내도 무언가 묻어있는 느낌이다. 하지만 3일 밤낮을 주무르다 보면 이내 노트나 볼펜처럼 이물감이 없어진다. 오래전부터 내 옆에 있었던 듯 자연스러워진다. 뼈를 만지다가 배달 온 자장면을 먹고 새벽까지 이어지는 공부 끝에 잠이 들면 뼈와 함께 널브러진다.

어쨌거나 3일 낮 3일 밤이 지나면 206개의 뼈(Bone)의 이름은 물론, 근육(Muscle)과 뼈를 연결해주는 건(Tendon)의 이름, 근육과 건이 부착되는 뼈의 세부 명칭까지 모조리 외우게 된다. 이 골학은 30초마다 자리를 계속해서 이동해가며 뼈를 보고 뼈의 이름과 세부 부위의 이름을 모두 적어내는 '해부학 땡시'에도 큰 도움이 된다. 긴장감과 부담감은 크지만, 그 시험 또한 아스라한 추억으로 남았다.

2학년 2학기 때부터는 간호학 전공 수업에 들어간다. 그리고 가을 무렵 본격적인 병원 실습을 앞두고 나이팅게일 선서식을 한다. 생전 처음 머리를 올려 간호사 캡을 쓰고 하얀 간호사복을 입는다. 두 손 모아 조신하게 촛불을 밝히며 나이팅게일 선서를 한다.

나는 일생을 의롭게 살며, 전문간호직에 최선을 다할 것을 하느님과 여러분 앞에 선서합니다.

나는 인간의 생명에 해로운 일은 어떤 상황에서도 하지 않겠습니다.

나는 간호의 수준을 높이기 위하여 전력을 다하겠으며, 간호하면서 알게 된 개인이나 가족의 사정은 비밀로 하겠습니다.

나는 성심으로 보건의료인과 협조하겠으며, 나의 간호를 받는 사람들의 안녕을 위하여 헌신하겠습니다.

— 나이팅게일 선서

일생을 의롭게 살아야 한다. 간호를 받는 사람의 안녕을 위해 헌신해야 한다. 물론 인간의 생명에 해가 되는 일이야 하지 않겠지만 헌신이라는 단어의 무게가 무거운 돌이 되어 가슴에 얹힌다. 점점 간호사가 되는 일이 부담으로 다가왔다.

실습을 나갔다, 어깨에는 부담을 가슴에는 기대를 안고. 하지만 기대와 달리 누구의 관심도 끌지 못하고 꾸어다 놓은 보릿자루처럼 병동 한구석에서 엉거주춤 서 있다가 한 학기를 보냈다. 3학년이 되었다.

이때부터는 본격적인 전공 수업에 들어가고 실습이 학과 수업의 절반을 차지했다. 아동간호학, 성인간호학, 정신간호학, 지역사회간호학, 노인간호학, 모성간호학. 간호 대상자의 정상적인 발달과 과업을 배우고, 간호 대상자의 머리부터 발끝까지 생기는 모든 이상 질환들을 배웠다. 질환의 원인부터 병태 생리, 진단, 치료, 간호까지 공부의 양이 폭발적으로 늘어났다. 다행인 것은 이때부터 간호학 공부에 재미가 들렸다. 몰랐던 질환들을 배우고 알고 있었던 질환에 대해서는 더 깊이 알게 되는 재미, 정확한 인과 관계로 질환의 원인과 치료를 연결하는 재미가 쏠쏠했다.

어쩌다 간호대생이 되었다. 야물딱이라 불리던 아이는 진로를 정하는 순간 세상 어리바리, 얼렁뚱땅하게 간호학과에 입학했다. 그래서 학교에 가는 이유가 어느 날은 친구, 어느 날은 동아리, 어느 날은 딱히 학교밖에는 갈 곳이 없어서기도 했다. 그 시간들을 버티고 버텨 간호학과 제대로 만났다. 이리 제쳐두고 저리 제쳐두고 세상 모든 할 일을 다 한 후에야 돌고 돌아 간호학을 만났다. 이제야 제대로 인사한다.

"간호학아, 넌 이렇게 생겼구나. 반갑다, 우리 지금부터라도 잘 지내보자꾸나."

중환자실 실습하다 중환자 될 뻔

간호학과 3학년이다. 2학년이 맛보기였다면 3학년부터는 정찬이다. 제대로 실습이 시작되었다.

실습이 있는 날은 새벽부터 눈이 떠졌다. 잘 빨아서 한 시간 동안 다림질한 주름 하나 없는 하얀 간호사복과 하얀 투명색 스타킹을 챙겨 병원으로 뛰어갔다. 실습생을 위한 공간에서 간호사복으로 갈아입고, 실쌤의 도움을 받아 짧은 단발머리를 올림머리로 올렸다. 간호사 캡을 단정하게 쓰고, 풋풋하고 앳된 얼굴은 뽀사시한 화장으로 감췄다. 환자들의 아픔을 위로하고 지지해 주겠다는 야무진 포부를 가슴에 담았고, 벅차오르는 흥분과 긴장을 감추지 못해 양볼은 발그레 상기되었다.

일반 병동에서 간호사들이 하는 정례 업무는 대부분 비슷하다. 일반외과 병동이나 흉부외과 병동이나 세부 수술에 대한 처치만 다를 뿐 큰 틀에서는 비슷한 업무를 진행한다. 신생아실, 응급실, 수술실, 중환자실은 특수 병동으로 분류되고 이곳에서의 간호사 업무는 일반 병동과 판이하게 달라진다.

신생아실은 입는 유니폼부터 일반 병동과 많이 다르다. 몸매가 드러나는 타이트한 간호사복이 아니라 고무줄이 들어가서 허리 품이 상당히 넓고 예쁜 무늬가 드문드문 있는 핑크색 원피스, 아기들처럼 편하게 복식 호흡을 해도 아가들처럼 남부럽지 않게 맛난 양식을 먹어도 나의 배가 도드라져 보이지 않는, 큰 장점을 가진 유니폼이다.

투명한 아기들의 피부에서 달달한 살 냄새가 난다. 통통한 아기들의 팔다리는 하루 종일 만져도 지겹지 않다. 따뜻하고 촉촉한 공기 속 고소한 분유 냄새는 우리를 천국으로 인도한다. 달그락 달그락 젖병 씻는 소리, 뽀그르르 폭폭 젖병 삶는 소리, 라디오 DJ의 상냥한 목소리가 들려오는 곳, 중간중간 들려오는 아가들의 울음소리도 천사의 나팔소리처럼 들리는 곳, 2주 동안의 신생아실 실습은 실습생 모두의 무장을 해제시켰다. 이곳에 근무하면 나도 천사가 되겠다는 생각이 절로 들었다.

이제 응급실 실습이다. 천국에서 바로 전쟁터로 떨어졌다. 빨리 전투 모드로 태세를 전환해야 한다. 그렇지 않으면 최소 중상이다. 이곳은 간호사도 무섭고, 의사도 무섭고, 환자는 더 무서운 곳이다. 실습 전부터 이런저런 얘기를 듣고 두려움이 커져만 갔다. 황량한 응급실 내에서 마땅한 자리를 찾지 못해 실습생들끼리 우르르 몰려다니다가 응급실 스텝의 동선에 거치적거린다고 버럭 큰 소리를 듣는다. 환자가 많으면 많은 대로, 환자가 없으면 없는 대로 어정쩡하게 있다가 눈치란 눈치는 모두 다 잡숫는다.

하루 종일 파리와 노닥거릴 만큼 조용했던 응급실은 한 명의 환자가 들어오자마자 병원 문밖에서 모두 대기하고 있던 것처럼 환자들이 줄줄이 따라 들어선다. 술에 취해 온갖 욕설로 응급실의 공기마저 취하게 만드는 환자, 아프다고 기차 화통 같은 소리를 지르는 환자, 인턴의 멱살을 잡고 주먹질을 하는 보호자, 환자에게 주렁주렁 달린 온갖 기계에서 나오는 소음에 우왕좌왕하는 보호자들로 정신을 챙기기가 쉽지 않다. 절대 이곳은 지원하지 않으리라 마음먹었다.

중환자실 실습은 단 하나의 장면으로 선명히 기억된다. 그날은 실습 첫날이었다. 중환자실 수간호사 선생님께서 실습 학생들을 모아놓고 중환자실에서 지켜야 하는 기본적인 실습 규정에 대해서 오리엔테이션을 해주셨다. 한참 설명을 듣는데, 갑자기 천장이 빙빙 돌더니 숨이 가빠지고 몸이 붕 뜨는 것 같았다. 머리부터 발끝까지 식은땀이 쭉 나고 다리 힘이 풀려 서 있던 그 자리에 풀썩 주저앉고 말았다.

실습해야 하는 중환자실에서 내가 실신을 했다. 새벽부터 줄곧 마스크를 쓰고 내가 뱉은 이산화탄소를 계속 마셔서 머리에 산소 공급이 덜

된 건지, 평소 저혈압이던 내가 그날따라 아침도 안 먹고 공복 상태로 오래 서 있어서 그랬는지, 난 쓰러지고 말았다. 수간호사 선생님께서는 중환자실 한쪽의 비어있는 침상에 나를 눕히게 하고 잠깐 쉬라고 하셨다.

아무튼 병상에 누워 정신을 주섬주섬 챙기고 있었는데, 그때 듣지 않았으면 좋았을 얘기를 들었다. 중환자실 간호사들은 곱게 화장한 내 얼굴에서 나쁜 컨디션을 도저히 읽을 수 없었는지 내가 할리우드 액션을 한다고 수군거렸다. 어찌나 서럽던지 누워서 눈물만 흘렸다. 인정머리 없는 간호사들도 싫었고, 숨조차 맘대로 쉴 수 없는 꽉 막힌 공간도 싫었다. 중환자실에는 절대 오지 않으리라 되뇌었다. 그날 실습을 끝내고 부모님과 부랴부랴 한의원에 가서 진맥을 하고 보약을 지었다.

간호사가 되기 위해 보약을 먹어야 하다니. 태어나서 처음 먹는 보약은 앞으로 내가 해야 할 일이 기본 체력만 가지고는 절대 할 수 없는 일이며, 세상이 원하는 중요하고 힘든 일을 하기 위해서는 체력부터 길러야 한다는 사실을 뼈저리게 느끼게 했다. 간호사가 되는 일은 최신의 의학 지식도 필요하고 여러 경험과 위기 상황에서의 순발력도 필요하지만, 그보다 우선하여 굳센 체력이 필요하다. 내 몸 하나 건사하지 못하는 사람에게 누가 자신의 몸을 맡기겠는가? 그 후부터는 실습을 나가기 전에 아침 식사를 꼭꼭 챙겼다. 병원에서 먹어야 하는 점심 식사도 한 그릇 가득 아구아구 먹었다. 먹어야 살 수 있었다. 먹어야 버틸 수 있었다. 아픈 환자를 돌보기 전에 내 몸부터 돌볼 일이었다.

정상인들만 입원하는 이상한 정신병원

전공 중에서 제일 좋아했던 과목은 정신간호학이었다. 어느 때보다 정신간호학 실습에 대한 기대가 컸다. 정신간호학 실습에는 대학병원 내 정신과 병동 실습 한 달과 정신과만 있는 전문 정신병원에서의 실습 한 달이 포함된다. 전문 정신병원에서 실습할 때의 이야기다.

실습 전, 먼저 실습을 나간 동기들로부터 병원 분위기와 환자들의 전반적인 상태에 대해 들었다. 전문 정신병원 환자들이 대학병원 환자들보다 증상이 심해서 라포(Rapport, 신뢰 관계) 형성이 어렵다고 하였다. 외부 환경과 완벽하게 차단된 상태에서 적게는 수개월, 많게는 수년에서 수십 년을 병원에만 있었으니 외부 사람에게 마음을 여는 것이 당연히 불편하고 힘들 것이라 생각되었다. 한편으론 겁이 나고, 한편으론 궁금했다.

드디어 정신간호학 실습이 시작되었다. 신기한 일이 일어났다. 병동에 가니 예상과 달리 환자들은 멀쩡해 보였다. 다림질한 것처럼 주름 없는 깨끗한 환자복을 입은 환자들은 행동거지가 좀 느리고 가끔 멍한 표정을 보일 뿐 정상인들과 다를 게 없어 보였다. 식사시간에 느릿느릿 줄을 서고, 아주 천천히 식사를 하고, 식판을 들기 어려운 환자분을 환자들이 서로서로 도와주는 상황은 어느 공동체 시설에 온 듯 편안하고 평화롭게 보였다.

작은 몸집에 얼굴이 하얀 20대 후반의 여자 환자는 하루 종일 두꺼운 영어 원서만 파고 있었다. 우리 학생 간호사에게는 관심도 보이지 않고 아예 무시하는 듯 보였다. 큰 체격에 서글서글한 인상을 한 20대 중반의 남자 환자는 환자들의 식사시간마다 앞장서서 배식을 도왔고, 학생들이 준비한 활동에도 적극적으로 참어했다. 건축학을 전공했다고 하는 30대 초반의 남자 환자는 우리에게 자신이 짓고 싶은 건축물의 설계도와 자신이 좋아하는 건축물의 사진을 보여주며 자신의 꿈을 말해 주었다.

내가 담당한 환자는 고등학교 2학년 때 조현병(舊, 정신분열병)이 발병하여 1년 가까이 입원하고 있는 19세의 여드름 많은 남학생이었다. 일요일 낮에 집에서 혼자 TV를 보고 있었는데, TV 화면에 현직 대통령이 나와서 본인에게 특별한 메시지를 전달했다고 했다. 우주선을 타고 온 외계인이나 유명 연예인 혹은 정치인으로부터 계시를 받았다는 얘기는 조현병 환자들에게서 많이 듣는 이야기다.

사람과 사람이 만날 때 라포 형성은 매우 중요하다. 사람의 신체와 마음을 모두 간호해야 하는 간호사에게 환자와의 라포 형성은 간호라는 어떤 행위 이전에 반드시 필요한 그 무엇이다.

난 매일 1~2시간씩 그 학생과 면담했다. 처음 발병했을 때 어떤 증상이 있었는지, 발병하고 일 년이 흐른 지금까지 다른 증상들은 또 어떤 것들이 있었는지 열심히 물어보고, 열심히 들었다. 스토리 중간에 비는 부분은 차트를 보며 이해했다. 어떤 검사를 통해 어떤 질환으로 진단을 받았으며 현재는 어떤 단계에 와 있는지, 처음에는 어떤 약물을 썼고 지금은 또 어떤 약물을 쓰는지, 그 학생의 모든 병력을 열심히 관찰하며 기록했다. 그리고 학교에서 배운 대로 간호 진단을 하고, 현재 할 수 있는 활동 중심으로 간호 활동을 계획했다. 환자 교육과 정서적인 지지가 주요 내용이었다.

그 학생이 마치 친동생처럼 가깝게 느껴졌다. 매일 실습을 나갈 때마다 "학생 간호사님, 학생 간호사님" 하며 엉거주춤 두 팔을 앞으로 흔들면서 종종걸음으로 달려왔다. 조현병 치료 약물을 일정 기간 복용하면 우리가 파킨슨병이라고 흔히 알고 있는 팔다리가 굳고 쉴 새 없이 떨리며 자신의 의지대로 잘 움직여지지 않는 증상이 나타난다. 병동의 많은 환자가 약물에 대한 부작용으로 양손을 앞으로 어정쩡하게 뻗은 상태로 종종걸음을 한다.

그 학생은 내게 다가와 지난 밤 동안 병동에서 일어난 일들을 종달새처럼 말했다. 계획한 간호 활동을 하나씩 실행해 나갔다. 시간이 흘러 한 달의 실습을 마무리해야 하는 시간이 다가왔다. 그 학생은 내게 물었다. 참고로 조현병은 일정 기간 약물치료를 받으면 환청이나 환각 등의 심각한 정신이상 증세는 사라진다. 환자의 증상에 따라 퇴원 후 계속해서 외래 진료를 받으면서 약물치료를 서서히 줄여 나간다.

"학생 간호사님, 저 걱정이 있어요. 전 이제 2학년으로 복학해야 하는데 사람들이 제가 정신병원에 입원했었다고 저를 무시하거나 아예 가까이 오지 않으면 어떻게 하죠?"

실제 그 친구는 복학하는 것에 많은 두려움을 가지고 있었다. 나도 그 부분이 걱정되었다.

'학교에서 왕따를 당하면 어떻게 하지?'

'학교에 적응하지 못해 우울증이 생기면?'

'힘든 상황을 견디지 못하고 조현병이 재발해서 사회로부터 완전히 격

리되면 어쩌나?'

걱정에 걱정이 이어졌다.

"그렇지 않아. 괜찮을 거야. 정신병원에 입원 한번 한 거 가지고 뭘 그래. 그게 너에게 낙인이 되진 않을 거야. 넌 충분히 잘 살 수 있어. 이번 경험이 너를 더 괜찮고 단단한 사람으로 만들어줄 거야."

"아니에요. 여기 있는 사람들 모두 그렇게 말하지만 실제로 밖에 나가면 나를 아는 체도 안 해줄 거예요. 학생 간호사님도 그럴 거죠? 그렇죠? 정신병원에서 만난 친구라고 나랑은 안 만나주고, 길에서 만나도 모를 척할 거죠?"

"아니야, 만나줄 수 있어. 정신병원에서 만난 게 뭐가 어때? 괜찮다니까. 넌 병을 이겨냈고, 넌 이제 다른 사람과 똑같아. 난 너를 모른 척하지 않아. 다른 사람과 똑같이 대할 수 있어."

자꾸만 움츠러드는 그 친구에게 용기를 주고 싶었다. 나는 그런 사람이 아니다. 네가 퇴원을 하면 나는 너를 다른 일반인과 똑같이 생각할 거다. 아무런 편견 없이 만나줄 것이라고 약속해 주었다.

하지만 그 친구와의 약속은 지킬 수가 없었다. 신이 난 그 친구는 온 병동을 뛰어다니며 '학생 간호사님이 나랑 만나기로 했어요' 하고 떠벌리는 바람에 난 그 친구 대신 정신간호학 교수님을 만나 학생 간호사의 실습 규정을 반복해서 읽어야만 했다.

신기한 일이 다시 일어났다. 한 달의 실습이 끝나니, 처음에는 정상인처럼 보이던 환자들이 하나둘 정신과 환자들로 보였다. 늙은 어머니가 식당에서 설거지를 하며 자신의 병원비를 대고 있다는 것을 알면서도 끝끝내 퇴원하지 않고 하루 종일 책만 읽는 S대 나온 하얀 얼굴의 그 언니는 분명 환자였다. 면회 시간에 본 그 언니의 어머니는 허리가 너무 굽어 있어서 앉아 있는지, 서 있는지도 구별이 안 될 정도였다.

식사시간 매번 배식을 도와주던 그 청년은 퇴원 후 바깥세상에 적응하지 못해 세 번이나 본드를 마시고, 계속 입원과 퇴원을 반복했다. 성신병원을 자신의 안식처 삼아 병원을 떠나지 못하는, 그 청년은 사회 부적응 환자였다.

병동의 궂은일을 도맡아 하고 수줍게 웃던 아저씨도 술은 절대로 입에 안 댈 거라며 철석같이 약속했건만 1박 휴가를 나갔다가 술에 만취하여 119 구급차에 실려 오셨다. 얼마나 많이 마셨는지, 입원 후 이틀 동안 내리 잠만 잤다. 그 아저씨야말로 알코올 중독 환자였다.

문득 여드름투성이 그 친구가 궁금하다. 그때 나의 대답에 용기를 얻었는지, 복학한 학교에서 적응은 잘했는지 궁금하다. 부디 잘 적응했기를, 그동안 잘 살았기를 바라본다. 신의 가호가 그대에게 우리 모두에게 늘 함께하기를 기도한다.

4학년이 끝났다. 국가고시를 만났다

4년의 시간이 바람처럼 흘렀다. 학교는 국가고시를 치러야 하는 4학년들에게 5~6명씩 들어갈 수 있는 스터디룸을 제공했다. 수업이 끝나면 맘이 맞는 친구들끼리 삼삼오오 스터디룸에 모였다. 밤늦게까지 국가고시

공부를 하기도 하고, 친구들과 못다 한 수다로 우정을 쌓기도 하고, 불확실한 우리의 미래에 대해 걱정을 나누기도 했다. 할 게 너무 많았다. 국가고시에 대한 부담을 시답지 않은 농담으로 달랬다.

"딸 낳아서 말 안 들으면 간호학과에 보내야지. 그래서 하루 종일 공부만 하게 해야지."

해도 해도 줄지 않는 공부의 양, 파도 파도 바닥을 알 수 없는 공부의 깊이, 대입을 앞둔 고등학생 못지않게 온종일 공부에 치여 허우적거렸다. 날은 점점 추워지고 새벽까지 공부하는 친구들, 아예 밤을 새우는 친구들이 늘어갔다. 웬만하면 간호사 국가고시는 붙는다는데 이게 사법고시도 아니고 이렇게까지 공부해야 하나 싶었다.

그러나 국가고시에 떨어져서 학교의 명예를 실추하는 흑역사의 첫 번째 주인공이 될 수는 없었기에 꾸역꾸역 책상에 앉아 있었다. 교과서를 반복해서 읽고 나만의 노트를 만들어 깨알같이 내용을 정리했다. 서로에게 예상문제를 불러주고, 과목별 문제집을 풀고 또 풀었다. 가끔가다 국가고시에서 떨어지는 꿈도 꾸었다.

졸업이 가까워지면서 국가고시 준비는 준비대로 하고, 병원의 입사 준비도 병행했다. 몇몇 친구들은 서울의 대형 병원에 지원서를 넣는다고 했다. 나도 집을 떠나 새로운 곳에서 직장 생활하는 것에 마음이 살짝 기울었으나 부산에서 서울까지 딸자식을 홀로 떠나보내는 것에 부담스러워하실 부모님을 생각해 학교 병원에 취직하기로 마음을 돌렸다. 지금 생각하면 부모님 핑계가 표면적으로 있긴 했지만 나 스스로도 실습한 병원이 편하고, 선배들 많은 학교 병원이 위험 부담이 없을 거란 계산이 깔려 있었던 것 같다.

아무튼 4년 전, 환경공학자가 되고 싶었던 한 소녀는 테크니션으로서의 간호사를 꿈꾸게 되었다. 이제는 내가 처음부터 간호사를 꿈꾸었는지는 중요하지 않았다. 학교에서 배운 지식과 훈련된 기술을 병원이란 실전에서 제대로 활용하는 일만 고민하면 되었다. 고지는 바로 코앞에 있었고, 취직만이 당면 과제였다. 내 한몸 바쳐 병원에 큰 기여라도 할 것처럼 면접원 앞에서 열정을 활활 불태웠다.

다행히 고난의 흑역사는 없었다. 모두들 국가고시에 합격했다. 점수가 공개되지 않으니, 우리는 모두 전국 차석이라며 서로를 축하했다. 동기들 대부분 지원했던 병원으로 취직이 되었다. 나도 학교 병원에 무난히 취직했다. 다른 선택은 없었다. 간호학과 4년 내내 한 강의실에서 한 가지 모습의 간호사를 꿈꾸던 우리는 졸업 후 똑같이 생긴 병원으로 모두 함께 달려갔다. 그렇게 우리들의 이야기는 시작되었다.

온 세계 사람들을 다 만나요
P 국제진료센터 / 국제진료간호사

Q. 지금 국제진료센터에서 근무한다고 들었습니다. 어떤 일을 담당하고 계신가요?

A. 국제진료센터는 병원을 방문하는 외국인 환자를 취약계층으로 분류하고 그들이 어려움 없이 진료를 받을 수 있도록 지원하는 곳입니다. 제가 근무하는 국제진료센터는 대학병원 안에 있고, 저는 외국인 환자를 전담하는 간호사로 근무합니다.

Q. 아, 그렇군요. 국제진료센터에서 하는 업무에 대해 좀 더 자세히 설명해 주세요.

A. 우리나라는 우수한 의료 기술과 가격 경쟁력을 갖추고 있어 많은 외국인 환자들이 방문합니다. 이들에게 안전하고 효율적인 의료 서비스를 제공하기 위해 의료기관은 의사, 간호사, 행정직, 의료관광 코디네이터 등 전문 인력으로 국제진료센터를 개설합니다. 그리고 이곳에서 환자의 방문 예약, 비자 관련 업무, 검사 및 진료, 진료비와 진단서 관련 통역, 환자 만족도 관리, 관광 지원, 자원봉사자 관리, 마케팅, 대외 협약, 외부기관과의 교류 등의 업무를 수행합니다.

Q. 선생님께서 하는 업무는 구체적으로 어떤 것인가요?

A. 저는 중국어를 구사할 수 있어 환자들에게 통역 서비스를 제공합니다. 국제진료센터는 병원의 축소판입니다. 환자가 병원을 방문하기 전 단계부터, 병원 방문 시 그리고 진료 종결 후 사후 관리까지 예약, 상담, 진료 통역 등의 환자 관련 서비스를 제공합니다. 그 외에도 홍보, 박람회 참가, MOU체결, 업체 미팅, 홈페이지 관리 등 업무 내용이 다양합니다. 그중 가장 중요한 업무는 외국인 환자 관련 업무입니다.

의료관광으로 방문하는 외국인 환자들은 입국 전 치료 상담을 의뢰합니다. 이때 국제진료간호사는 환자의 자료를 충분히 검토하여 환자 사정(Patient Assessment)을 진행합니다. 필요하면 추가 자료를 요청하여 정리한 후 해당 의료진에게 자문을 구하여 이 환자가 내원하게 되는 경우 치료 방법, 예상 치료 기간, 예상 치료비 등을 산정하게 됩니다. 이를 환자 측에 전달하고 예약을 진행합니다. 환자가 내원을 결정하는 경우 환자의 입국 기간 안에 신속하게 의료 서비스가 제공될 수 있도록 타 부서의 협조를 구하여 진료 계획을 수립하고, 방문 시점부터 치료 종결까지 진료, 검사, 시술과 수납 등 모든 과정에 동행하여 통역을 진행합니다. 즉 의료 상황의 전 과정에서 환자와 보호자, 의료진의 효과적이고 원활한 의사소통이 이루어지도록 중재, 조절 및 관리하는 업무를 수행합니다.

Q. 생각보다 국제진료센터에서 일하는 간호사의 업무가 방대하군요. 선생님께서는 국제진료센터에 지원한 특별한 계기가 있으셨나요?

A. 간호학과 졸업 후, 학교 병원에 입사했습니다. 처음에는 임상파트에서 근무했는데, 제가 중국어를 한다는 사실을 병원에서 알고 이곳으로 발령을 내주었습니다.

Q. 중국어 환자들의 통역을 한다고 하셨는데, 중국어는 어떻게 준비하셨나요?

A. 어릴 때 아버지의 회사발령으로 중국에서 2년 정도 생활한 경험이 있습니다. 중국어를 더 공부하기 위하여 휴직 후 중국으로 가서 대학을 졸업했고, 현재 2개의 학사학위를 가지고 있습니다. 중국어는 발음이 굉장히 중요합니다. 단어 및 문법 공부도 중요하지만, 먼저 현지인으로부터 발음 공부를 충분히 한 후 다음 단계로 넘어가는 것을 추천합니다. 지금은 중국 드라마를 보면서 계속해서 중국어와 접하려고 노력합니다.

Q. 근무하면서 보람을 느꼈던 순간은 언제였나요?

A. 성형 상담을 위해 어머니와 함께 방문한 20대 후반의 중국인 환자가 있었습니다. 일반적으로 대학병원에서는 미용보다는 중증질환을 주로 다루며, 또한 전문 성형외과만큼 환자를 위한 서비스를 제공하기에는 어려움이 있으므로 성형 수술은 아주 드문 케이스입니다. 우리 병원을 찾은 대상자는 이미 다수의 성형외과의원을 방문한 후 대학병원에서도 상담을 받고자 방문한 경우였습니다.

당연히 상담 이후 비용 대비 서비스가 좋은 성형외과의원으로 갈 줄 알았으나 결론은 우리 병원에서 수술을 받기로 했습니다. 이유는 타 병원에서 시술 상담은 '이것도 해라, 저것도 해라'였는데 우리 병원에서는 '이것도 안 된다. 저것도 안 된다'였던 겁니다. 왜 환자가 원하는 것보다 더 적게 부위를 잡아야 하는지 교수님의 설명을 듣고 더욱 신뢰를 가졌다고 합니다. 환자의 어머니는 아들을 위한 과감한 결정을 했지만, 실은 걱정이 많은 여린 보호자였습니다.

시술부터 퇴원까지 환자 어머니의 손을 잡고 다녔던 기억이 납니다. 귀국 후 환자와 어머니는 다른 가족과 함께 본원에서 진료를 받고자 재방문하였고, 아직도 지속해서 연락하며 서로의 안부를 묻습니다. 환자의 가족에게도 잊지 못할 경험이자 저에게도 아주 신선한 경험이라 기억에 남습니다.

Q. 국제진료센터는 전망이 어떤가요? 선생님의 향후 계획도 말씀해 주세요.

A. 국제진료센터는 고부가가치를 창출해 병원 경영은 물론 국가 경제에도 기여하기 때문에 많은 병원이 관심을 가지고 있습니다. 물론 의료관광 코디네이터, 통역사 등이 있지만 간호사는 의료인으로서 의학적 지식으로 환자의 눈높이를 고려한 정보제공과 교육이 가능하므로 앞으로의 역할은 더욱 확대될 것입니다. 2009년 의료관광을 시작해 현재 십 년의 시간이 지나는 동안 의료관광의 발전 방향, 의료관광 코디네이터 양성 등 많은 연구가 진행되었지만, 간호사의 업무 및 역할과 관련해서는

연구가 전혀 없는 실정입니다.

국제진료간호사는 간호 업무 외에도 홍보 및 기획 등 다양한 업무를 수행하게 됩니다. 저는 계속해서 언어 공부와 함께 문화적 역량을 갖추기 위하여 자기 계발을 쉬지 않을 생각입니다. 또한 간호사들이 효율적으로 업무를 수행하고 발전시킬 수 있도록 연구를 진행하여 국제진료 분야의 전문가가 되고 싶습니다.

Q. 간호대생들이나 이직을 준비하는 임상 간호사들에게 어떤 이야기를 해주고 싶으세요.

A. 학교 다닐 때, 저는 다양한 대학생활을 경험했습니다. 연극 동아리를 통해 매년 여름 연극 공연을 했고, 학교에서 진행하는 해외 봉사에도 참여했으며, 학생회 활동도 했습니다. 결론적으로는 어려움도 많았지만 책임감을 키울 수 있었습니다. 이러한 경험들이 병원에서 신입 시절을 보낼 때 많은 도움이 되었습니다. 다시 학부로 돌아간다면 더욱더 많은 경험을 하고 싶습니다.

간호사의 길은 정말 무궁무진하다고 생각합니다. 간호사 면허증은 아주 매력이 있고 다양한 분야로 갈 수 있기 때문에 학부의 공부도 물론 중요하지만 외국어 공부는 필수이며, 다양한 경험을 해보기를 추천합니다. 그러한 경험들이 나중에 다 본인의 역량으로 돌아올 것입니다. 기회는 준비된 자에게 오며, 준비된 자만이 기회를 잡을 수 있다고 생각합니다.

사람들은 저마다 자기 방식으로 배우는 거야.
저 사람의 방식과 내 방식이 같을 수는 없어.
하지만 우리는 제각기 자아의 신화를 찾아가는 길이고,
그게 바로 내가 그를 존경하는 이유지.

파울로 코엘료의 소설 『연금술사』 중에서

간호사, 딱 3년만 하라

02
날마다 자라는 김 쌤

신생아실의 목욕 시간

병원에 취직했다. 임상 간호사가 되었다. 몸에 딱 맞는 유니폼을 입고, 지금은 아무도 안 쓰는 간호사 캡을 쓰고 무슨 대단한 간호를 할 것처럼 눈에는 레이저를 발사하며 출근했다.

아차차, 나는 신입이다. 간호를 교과서로 배운 햇병아리 간호사다. 학교에서 배운 것은 일단 한쪽에 제쳐두고, 임상에서 필요한 내용을 중심으로 공부를 새로 했다. 요리로 비유하자면, 학교에서는 각 재료에 대한 것을 배운 것이고, 임상에서는 실제 요리를 만드는 요리사가 되는 것이다. 학교에서 시금치와 당근의 영양소를 배우고 시금치와 당근 다듬는 법을 배웠다면, 임상에서는 시금치와 당근을 다듬고 볶아서 실제 잡채를 만들어야 했다.

병원에 취직해서 처음 발령받은 곳은 신생아실이었다. 신생아실에서 신규 간호사가 맡게 되는 업무는 주로 신생아실 싱크대에서 이루어진다. 신생아들은 보통 2시간 간격으로 분유를 먹기 때문에 50명의 아기에게 물린 젖병은 돌아서면 싱크대를 가득 채우고, 돌아서면 싱크대 밖으로 넘쳐난다.

신생아실 아기들은 참 예쁘다. 하지만 신생아실에 방금 도착한 아기는 방금 출산의 고통을 온몸으로 겪은 터라 세상 고생 다 한 얼굴로 우리에게 인사한다. 우리가 익히 알고 있는 뽀송뽀송한 아기 모습과는 거리가 멀었다. 얼굴에는 주름이 많고 피부는 빨갛다 못해 칙칙했다. 이 아기랑 저 아기랑 딱히 달라 보이지도 않았다. 하지만 하루 이틀 분유를 먹이고 예쁘게 목욕을 시키면, 정말 천사가 우리 곁에 내려왔나 싶을 정도로 모든 아기가 다 사랑스럽다. 모든 아기가 다 예쁘다.

내가 근무했던 대학병원의 신생아실에서는 50명 정도의 신생아를 돌보았는데, 밤근무 인력은 책임 간호사 1명과 신규 간호사인 나 그리고 밤에만 신생아실을 도와주는 간호조무사 1명이 전부였다. 밤 근무 간호사들이 출근을 한다. 오후 근무 간호사들에게 업무 인수인계를 받자마자 아가들에게 분유를 먹이고, 근무 시간에 꼭 해야 하는 주요 업무를 신속히 진행했다. 여기에는 차트 작성과 투약 업무, 검사물을 검사실에 내리는 업무 등이 포함됐다. 주요 업무를 끝내면 본격적으로 신생아들의 목욕 시간이 다가왔다.

독자들도 한번 상상해 보시라. 신생아 50명을 목욕시키는데 과연 몇 시간이나 필요할까? 지금은 결혼해서 아이도 낳아보고 아이 목욕도 수없이 해본 터라 그나마 손이 빨라서 더 잘할 수 있을 텐데, 당시에는 아기 옷을 벗기고 입히는 일도 무척 조심스러웠다. 신생아 한 명을 안고 나르는 일에도 심장이 두근두근 뛰고 손이 달달 떨렸다.

짜잔, 3인 1조의 목욕작업반이 신생아 50명을 목욕시키는 데 걸리는 시간은 겨우 30분 남짓이다. 신생아들은 아직 체온조절 중추가 미숙하기 때문에 오랜 시간 벗겨 놓을 수가 없다. 50명 신생아의 목욕 작업은 공장의 숙련된 일꾼들의 작업처럼, 손에 모터를 달아 놓은 듯 물 흐르듯 진행되었다.

간단히 목욕 작업을 설명하면 다음과 같다. 1인은 아이를 나른다. 1인은 아이를 씻긴다. 1인은 신생아 바구니를 닦는다. 어떤가? 목욕 풍경이 머리에 그려지는가?

아기를 나르는 역할은 보통 후배 간호사가 맡는다. 나의 역할이다. 신생아가 온종일 입고 있던 배냇저고리를 벗기고, 기저귀를 벗긴 다음 아기를 잘 안아서 목욕통 쪽으로 이동한다. 방금 태어난 아기는 '태지'라고 하는 하얀 기름이 온몸을 감싸고 있어서 매우 미끄럽다. 아기를 놓치지 않기 위해 모든 신경을 손에 집중한다.

아기를 선배 간호사에게 건네고, 방금 목욕을 마친 아기를 두 손으로 고이 받는다. 받은 아기는 포로 잘 닦아준 다음 파우더를 살짝 뿌리고, 자기 바구니로 데리고 와서 새 기저귀를 채운 다음 새 배냇저고리를 입힌다. 이때 아기가 바뀌지 않도록 조심해야 한다. 아기 팔목에 달린 ID

밴드가 떨어지지 않도록 하고, ID를 확인하여 원래 있던 자기 바구니로 잘 옮긴다.

아기를 씻기는 역할은 경험이 많은 선배 간호사가 맡았다. 보통 한 손으로 아기를 잡고, 나머지 한 손으로 아기를 씻긴다. 온몸을 따듯한 물로 적신 다음 태지와 땀, 혈흔으로 꼬질꼬질해진 머리를 비누로 감긴다. 몸을 두세 번 물로 헹군 다음 후배 간호사에게 아기를 넘겼다.

3인 1조의 마지막 사람은 아기가 빠져나간 아기 바구니를 소독제로 빨아 놓은 행주를 이용하여 쓱쓱 닦았다. 아기가 누웠던 쿠션의 헌 포를 벗기고 새 포로 감싼 다음, 여기에 새 배냇저고리를 펼쳐 놓고 새 기저귀까지 깔아 놓는다. 한 사람 한 사람의 손이 빠른 것도 중요하지만, 세 사람의 호흡이 무엇보다 중요하다.

이렇게 30여 분 동안의 목욕이 끝나면 머리부터 발끝까지 땀으로 범벅이 된다. 신생아실 여기저기에 어제의 포들과 배냇저고리가 산처럼 쌓였다. 하지만 뽀송뽀송해진 아기에게 맞난 분유를 먹이는 순간 내가 아기의 엄마가 된 듯 뿌듯함이 밀려오고, 세상에서 제일 예쁜 천사가 가슴에 있다는 행복감에 온몸이 짜릿해졌다.

밤이 깊어질수록 아름다운 클래식 선율은 아가들의 울음소리와 하나가 된다. 밤새 신규 간호사는 젖병을 삶는다. 아기들에게 분유를 먹이며 아기들과 함께 조금씩 자란다.

"김 쌤요, 고는 고마 찌르고 요 찌르소"

신생아실 다음으로 발령을 받은 곳은 정형외과 병동이었다. 근무했던 병원은 암 전문 병원이라 암 환자도 많았고, 수술 환자도 많았다.

낮 근무는 보통 새벽 6시 30분까지 출근을 했다. 낮 근무의 하이라이트는 뭐니뭐니 해도 아침 주사이다. 우리 병동의 환자가 다른 병동의 환자보다 적었는데도 놓아야 하는 주사의 양은 적지 않았다. 대략 50명의 환자에게 아침 주사로 놓아야 하는 기본 주사의 양이 200대 가까이 되었다. 수술 환자에게는 1인당 2대의 정맥 주사와 2대의 근육 주사(엉덩이 주사)가 기본으로 처방되었다.

수술 부위가 감염되면 환자의 회복도 늦어지고 다시 수술해야 하는 상황에까지 이를 수 있기에 항생제 주사가, 그리고 환자의 통증 조절과 충분한 근육 이완을 위해 진통소염제와 근육이완제가 처방되었다. 신생아실에서는 정맥 주사가 주로 위 연차 간호사의 몫이라 아래 연차의 간호사는 정맥 주사를 놓을 기회가 없었다. 하지만 일반 병동에서는 간호사 1명이 일당백의 역할을 한다. 저 많은 주사가 오롯이 나의 책임이다.

처음에는 의기양양하게 한편으로는 비장한 표정으로 산더미처럼 쌓인 주사와 함께 간호사실을 출발한다. 환자 한 명에 정맥 주사 2대를 놓고, 엉덩이 주사 2대를 놓는다. 링거액을 처방받은 환자는 링거액을 꽂기 위해 정맥 라인을 잡아야 했다. 하지만 환자는 벌써 병원에 입원한 지 수개월째, 울퉁불퉁 혈관을 자랑하던 젊은 청년의 팔뚝도 얌전한 색시 팔뚝이 된 지 오래였다. 팔뚝을 계속 두들기며 겨우겨우 혈관을 찾는다. 라인 하나 잡는 데 온 식은땀을 다 흘린다. 그렇다고 엉덩이 주사가 편하냐? 그렇지도 않다. 매일 아침저녁 4대의 엉덩이 주사를 맞아야 하는 환자의 엉덩이는 돌덩이처럼 단단했다. 그날도 여지없이 엉덩이를 꾹꾹 눌러본다. 손동작은 점점 빨라지고, 미간에 주름이 잡혔다.

"김 쌤, 고는 고만 찌르고 요 쪽 찌르소. 내가 말랑한 디 찾아 났으요."

"저도 그러고 싶습니다만 근육 주사를 놓는 부위는 정해져 있어요. 엉덩이 아무 부위에다 주사를 놓으면 신경을 건드릴 수 있어 큰일 나거든요."

매의 눈과 예민한 손가락을 총동원하여 오늘의 주사 자리를 찾는다. 그렇게 고르고 고른 부위에 주사를 놓았다. '근육아 제발 이 주사액을 받아다오' 하는 심정으로 왼손으로는 살살 근육을 마사지해 가며, 아기를 달래듯이 주사액을 조금씩 밀어 넣었다. 주사액이 몸 밖으로 뿜어져 나오지 않도록.

그렇게 200대 가까이 되는 주사를 2시간 넘게 헐레벌떡 놓고 간호사실로 들어오면 패전 장군이 되었다. 손과 다리는 후들거리고, 넋은 반쯤 나갔다. 물론 혈관이 정말 안 나오는 환자는 선배 간호사에게 부탁하기 위해 미뤄놓은 상태인데도 그렇다.

환자들은 간호사들을 어떤 기준으로 평가할까? 친절한 간호사? 설명을 잘하는 간호사?

물론 그런 것들도 잘해야 좋은 간호사다. 그러나 정말 환자들이 원하는 간호사, 좋아하는 간호사는 정맥 주사를 잘 놓는 간호사다. 함께 병동에 근무했던 선배 간호사 중에는 손가락 뒤쪽의 얇은 혈관에도, 엄지발가락 뒤쪽의 보이지 않는 혈관에도 주사를 잘 놓는 분이 계셨다. 신규 간호사가 혈관 주사를 한번 실패하면 어김없이 호출되는 주사의 신이었다. 물론 모든 병동의 환자들이 제일 좋아하는 분이기도 했다. 물론 그때도 혈관이 정말 안 나오는 환자에게는 대정맥으로 주사액이 바로 들어가는 중심 정맥(Central Line)을 잡지만, 그 자체가 감염 위험이 크기 때문에 예외적으로만 시술할 수 있었다.

정형외과 병동엔 주사가 많다. 하지만 양팔과 양다리에 골절상을 입은 환자나 몇 달씩 입원하고 있는 환자에게 신규 간호사를 위한 만만한 혈관은 없다. 근육을 풀어주기 위한 엉덩이 주사는 환자의 엉덩이를 돌덩이로 만들고, 감염과 합병증을 예방하기 위한 정맥 주사는 간호사를 주사의 신으로 만든다. 그리고 이 모든 과정을 거치며 병동의 초짜 간호사는 소통의 여왕으로 등극한다.

 예서 잠깐

> 서울대나 경북대 같은 국립대 병원에서는 최근 정맥 주사 전담 간호사 제도가 시행되고 있어 일반 간호사들의 정맥 주사에 대한 부담이 한층 덜어졌다. 또한 해파린 캡이라고 하는 장치를 이용하면, 한번 확보해 놓은 정맥 라인을 24~72시간까지 계속해서 사용할 수 있어 매번 주사를 놓는 수고를 덜 수 있기 때문에 매우 간편하다.

왜 골육종은 없는 집 아이들에게만 생길까?

근무했던 병원은 암 전문 병원이라 암환자가 많았다. 정형외과 병동에는 대부분이 골절 환자나 디스크 환자이고 암환자는 없을 것 같지만, 뼈에 종양이 생기는 골육종 환자들이 제법 있었다. 골육종은 다 자란 뼈에 생기는 종양이 아니고, 뼈가 자라면서 생기는 종양이라 10대 청소년들에게 주로 발생한다.

병동에는 수술을 받기 위해 혹은 항암 치료를 받기 위해 입원한 골육종 환아들이 항상 네다섯 명씩은 꼭 있었다. 암이 부자나 가난한 자를 가리지는 않겠지만 없는 집 아이들을 더 좋아하는 듯했다. 근무하면서 보게 된 골육종 환아들은 거의 없는 집 아이들이었다. 이곳저곳을 다 기웃거려서 받을 수 있는 지원이란 지원을 모두 받아도 항암 치료에 드는 비용은 크나큰 부담이다. 효과적인 항암 치료를 위해 치료 일정도 엄격히 맞춰야 하는데, 치료비가 없어서 입원을 늦추는 경우도 간혹 보게 된다.

게다가 항암치료는 수주 동안 진행되는 전 치료와 후 치료 과정이 모두 힘든 과정이라 아직 어린 환아에게 보호자의 보살핌이 반드시 필요하다. 병원비도 벌어야 하고 아이 곁에도 있어야 하는데 골육종 환자들의 가정은 한 부모 가정도 많았다. 엄마나 아빠가 돈을 벌러 가는 상황에 보호자도 없이 홀로 투병생활을 하는 환아도 보게 된다. 환아 한 명 한 명이 모두 우리의 아이가 되고 온 병동이 환아를 돌본다.

입원 기간이 오래되면 멀쩡하던 성인 환자의 혈관도 피부 깊숙이 숨어버린다. 하물며 항암 치료가 계속되는 몇 주 동안 24시간 링거를 맞아야 하고, 현재 상태를 파악하기 위한 검사를 위해 아침 저녁 채혈이 이루어지면 아이들의 혈관은 아예 보이지도 않는다. 매번 아이를 달래고, 매번 혈관이 잘 나오길 기도하며 아이의 손목을 쓸어내린다. 이래저래 주사를 놓는 사람도 옆에서 보는 사람도 모두 마음이 쓰라렸다. 하얗고 가느다란 손가락에 혈관 주사를 놓아야 하는 순간이면 내가 대신 주사를 맞고 싶었다.

한 번은 골육종에 걸린 성인 환자가 입원했다. 드문 경우였다. 아내가 출산한 지 얼마 안 되는 신혼의 남편이었다. 환자는 묵묵히 검사를 받고 딱히 본인의 형편과 사정을 말로 드러낸 적이 없었다. 한번은 저녁 근무 시간에 병실을 라운딩하다가 환자와 환자의 아내가 부둥켜안고 울고 있는 걸 보았다. 환자는 골육종에 걸린 다리의 암세포를 죽이기 위해 여러 번의 항암치료를 받았으나 그 효과가 미미했고, 암세포가 온몸으로 퍼지는 것을 막기 위해 최후의 선택으로 다리를 절단해야만 하는 상황에 이르렀다.

두 부부는 두려웠을 것이다. 정상적인 두 다리로도 가정을 이끌고 이 한 세상 살기 힘든 현실인데, 한쪽 다리만으로 살아간다면 앞으로 어떤 일이 벌어지게 될지 몹시 두려웠을 것이다. 그 병실에서 해야 할 처치는 다른 병실 업무를 다 한 후에 그리고도 한참 후에 할 수밖에 없었다. 내가 그들의 아픔을 엿보았다는 것을 들키고 싶지 않았다. 그들 또한 어쭙잖은 동정은 바라지도 않았을 것이다. 그 시간만은 아무에게도 들키고 싶지 않았고 둘만의 시간이 필요했으리라.

또 병동에는 내가 근무하기 전부터 수년째 입원해 있는 환자가 있었다. 사냥을 나갔다가 총상을 입은 젊은 남자 환자였는데, 종아리뼈가 완전히 으스러진 상태라 절단이 불가피한 상황이었다. 절단 수술을 받아들일 수 없는 그는 다리를 살리기 위한 수술과 재수술을 반복했고, 병동의 웬만한 간호사의 근무 연수보다 환자의 입원 연수가 오래되어 환자 차트만도 여러 권이 되었다.

　그는 피해의식이 강했고, 감정의 기복이 심했다. 어떤 날은 친절한 미소로 학생 간호사들과 청소하시는 직원에게도 살뜰히 인사를 건네다가 어떤 날은 사소한 이유에 버럭 화를 냈다. 그때는 그런 그를 전혀 이해할 수 없었다. 그 청년보다 훌쩍 나이를 먹은 지금에 와서야 그가 보인다. 그의 마음이 보인다. 그에게 필요한 것은 관심이었다. 그는 아무런 감정이 없는 병동의 붙박이장이 아니라 앞날의 두려움으로 하루하루가 버거운, 그 누구보다 삶의 무게가 힘든 청년이었다. 그 힘든 마음을 누가 보아주기를 누가 알아주기를 간절히 원했을 텐데 그때는 그것을 알지 못했다. 그의 마음을 보아주지 못했다.

　병원에서 일하는 간호사는 우리 이웃들의 안타까운 사연들을 많이 접한다. 이 환자의 사정도 안타깝고, 저 환자의 사정도 안타깝다. 더 안타까운 것은 그런 사연을 접하는 내가 점점 무뎌지는 것이다. 처음에는 환자들의 상황을 듣고 안타까워하며 도울 방법이 없을까 찾았던 나는, 더 이상 그들을 걱정하지 않게 되었다. 근무 시간에는 해야 할 일이 많았고, 근무 시간이 끝나면 지친 몸을 이끌고 퇴근하기에 바빴다. 가슴으로 환

　　　　　　　　　　　　　　　　　　　간호사, 딱 3년만 하라

자를 안기에 나는 철부지였으니까.

나이트-오프-데이. 환장의 근무표

병원 근무는 데이(Day) 근무, 이브닝(Evening) 근무, 나이트(Night) 근무, 이렇게 3교대로 돌아간다. 스물네 시간을 셋으로 나누면 정확히 8시간이지만, 앞 근무했던 간호사와 뒤 근무를 하는 간호사들끼리 서로 인수인계를 하기 때문에 30분에서 1시간 정도는 겹쳤다. 하지만 신규 간호사는 자신에게 할당된 업무를 본인의 근무 시간 내에 모두 마치기 위해서 자신의 근무 시간보다 1시간씩 일찍 출근하는 일이 다반사였다.

인수인계 시간에는 그날 그리고 그 근무 시간에 일어난 모든 일이 다음 근무자에게 전달된다. 기존 입원해 있는 환자들의 상태, 새로 입원한 환자의 병력, 근무 시간 동안 해야 할 각종 검사에 대한 안내, 병원 내 여러 상황과 사정들이 포함되었다.

데이 근무는 병원마다 조금씩 다르지만 보통 6시 30분 전에 출근해서 2시 30분에서 3시 정도까지 근무한다. 병동 기준으로 볼 때, 데이 근무 때 하는 일이 제일 많았다. 데이 근무 간호사는 출근하자마자 인수인계를 받고, 아침 투약을 준비하여 곧바로 아침 투약을 실시한다. 투약이 끝나면 그날 수술이 잡힌 환자의 수술 전 간호를 시행한 후 환자를 차트와 함께 수술실로 내려 보낸다. 그리고 그날 환자들이 해야 하는 각종 검사와 처치를 시행하고 수행한 간호 내용을 환자의 차트에 기록한다. 수술이 끝난 환자가 병동으로 복귀하면 수술 후 환자 간호를 병동 도착 직후,

10분, 30분, 1시간 간격으로 시행한다. 점심시간이 끝나면 새로 입원하는 환자들이 하나둘 병동으로 올라오고, 입원 환자 간호를 시행한다. 아침 투약과 마찬가지로 점심 투약을 끝내고, 데이 근무 때 나온 환자들의 각종 오더를 처리한다. 데이 근무 때는 잠깐의 짬도 없이 종종거리며 계속 일을 했다. 점심을 코로 먹는지 입으로 먹는지 모를 정도였다. 이브닝 근무자에게 인수인계를 마치고서도 미처 처리하지 못한 업무를 마무리해야 퇴근할 수 있었다.

이브닝 근무는 데이 근무가 끝나기 전인 2시에서 3시 정도에 출근하고, 저녁 10시에서 11시 정도에 퇴근한다. 근무 시간에는 다음날 수술 환자의 수술 전 간호, 다음날 퇴원 환자의 퇴원 간호, 저녁 투약 준비, 저녁 투약 등의 업무를 진행한다. 이브닝 근무는 데이 근무보다 상대적으로 업무의 강도는 약하지만, 출근 전 시간이나 퇴근 후 시간을 활용하기가 애매해서 병원 근무 이외의 개인적 시간은 만들기가 힘들었다.

나이트 근무는 9시나 10시 정도에 출근해서 다음 날 아침 7시에서 8시 정도까지 근무한다. 병동 근무를 모르는 사람은 나이트 근무 때 일이 없어 자는 거 아니냐고 생각할 수 있지만, 생각보다 일이 많았다. 의사의 오더 확인, 환자의 차트 정리, 검사나 처치 결과지 확인 그리고 비어있는 침상에 나이트 근무 동안 새로 입원하게 되는 응급 환자의 입원 간호, 기존 입원 환자에서 발생할 수 있는 응급 간호 등을 모두 처리해야 한다. 밤새 근무를 하고 아침에 인수인계를 마치고 나면 녹초가 된다. 몇 개월씩 나이트 근무가 이어지면 다크서클이 턱까지 내려왔다.

'나이트-오프-데이'라는 근무표가 있다. 나이트 근무를 끝내고 아침 식사를 한 다음 퇴근을 하면 아무리 빨리 서둘러도 오전 9시가 넘었다. 곧장 집으로 가서 씻고 잠이 들어도 10~11시 정도가 되고, 6~7시간 자다 일어나면 훌쩍 하루가 지나가고 초저녁이 되었다. 그런데 나이트 근무 다음이 오프, 그리고 연이어 데이 근무라면 그날의 오프는 오프가 아니었다. 내일의 근무를 위해 다시 쪽잠이라도 더 청했다. 지금은 너무 비인간적인 근무표라고 많이 없어졌지만 그것도 간호사 수급 능력이 충분한 대형 병원에서나 가능하고, 간호 인력이 부족한 중소병원에서는 아직도 비일비재 행해진다. 병원 근무를 위해 24시간 대기하는 시스템이다. 근무하지 않는 시간은 오직 다음 근무를 위해 휴식을 취해야 한다. 도저히 워라밸은 꿈도 꿀 수 없는 살인적인 근무표였다.

3교대 근무는 그 자체만으로도 힘들었다. 업무 강도도 중등도 이상이다. 피곤한 신체는 간호사의 기민함을 떨어뜨리고 중요한 순간 판단력을 흐리게 한다. 환자의 생명과 직결된 업무를 하는 간호사가 충분한 휴식을 취하고 근무에 들어와야 하는 이유가 거기에 있다.

그러던 어느 날이었다. 오랜만에 휴무라서 집에서 뒹굴뒹굴 쉬고 있는데 소변에서 피가 비쳤다.

'이게 뭐지? 아직 생리 기간은 아닌데.' 딱히 통증도 없고 어디가 아픈 느낌도 없는데 몹시 신경이 쓰였다. 다음 소변을 눌 때까지 머릿속이 바빠졌다. 혈뇨를 주 증상으로 하는, 알고 있는 질병들이 총출동했다. 몇 시간 후 또 빨간색 소변을 보았다. 더는 지체할 수가 없었다. 애써 초조한 마음을 누르고, 빠른 검사와 진료를 위해 근무하는 병원의 응급실로 뚜벅뚜벅 걸어 들어갔다.

응급실은 무섭다. 병원에 근무하는 간호사도 응급실은 무섭다. 주사는 무섭다. 하루에 200대씩 주사를 놓는 간호사도 주사는 무섭다. 응급실에서는 응급으로 수혈을 받아야 하는 상황을 대비해서 18게이지의 어마어마한 굵기의 바늘로 혈관 라인을 잡는다. 피부에 커다란 단추 구멍이 생기는 기분이다. 저 구멍으로 내 모든 피가 다 쏟아져 나올 것만 같았다.

'여기가 어디지?' 응급실에 와서 정신을 잃을 판이었다. 갑자기 어지러워진다. 응급실 간호사가 어디가 어떻게 안 좋은지 물었다. 무섭다. '내가 어디가 아픈 거지?' 잠시 생각을 하다 혈뇨를 2번 봤다고, 개미 목소리로 겨우 답했다.

응급실에 누워보니 환자 마음을 알겠다. 환자복을 입고 보니 영락없이 내가 중병 환자였다. 마음은 불안해 죽겠는데 지금 하는 검사가 무슨 검사이고, 앞으로 무슨 검사를 또 해야 의사를 만날 수 있는지 친절한 설명은 없다. 세상에서 제일 바빠 보이는 간호사는 빛의 속도로 형식적인 설명을 이어갔다. 이런저런 기계들이 요란스럽게 들어왔다 나갔다를 반복했다. 사람들은 우왕좌왕 종종거리며 뛰어다닌다. 응급실 간호사와 인턴의 우렁찬 목소리는 괜히 사람을 기죽인다.

입원하면 환자는 본인의 여린 마음을 차곡차곡 접어 사물함 제일 아래 칸에 넣어두어야 한다. 그래야 마음의 준비도 안 되었는데 팍팍 들어오는 병원 스텝을 맞을 수 있다. 간호사의 질문에 대답하고 인턴의 질문에 대답하고, 레지던트의 질문에 대답한다. 내가 오답이라도 말할까 테스트를 받는 기분이다. 어절씨구, 의과대학 실습 학생과 간호학생까지 내게 질문을 한다. 내 정신과 마음은 차라리 없는 게 낫겠다.

한나절을 응급실에 있으면서 이런저런 검사를 받고서야 '스트레스로 인한 단순 혈뇨'라는 진단을 받아 들었다. 응급실에 와서도 계속 혈뇨를 보는 것도 아니고 지금으로서는 병원에서 딱히 해줄 것이 없다며 다시 증상이 생기면 그때 병원을 오라며 의사는 그만 가보라 했다.

응급실을 나왔다. 응급실에 고작 몇 시간 있었을 뿐인데 응급실 밖 공기는 몇 시간 전보다 더 시원했고, 응급실 밖 사람들의 미소는 몇 시간 전보다 더 따뜻했다. 내 컨디션은 크게 달라지지 않았지만 내 마음은 크게 달라졌다.

잠깐이지만 환자로서 병원 시스템을 경험하고, 환자로서 간호사를 비롯한 의료진을 만나보니, 환자가 원하는 의료 시스템과 의료 서비스가 무엇인지 어슴푸레 머리에 그려졌다. 공급자 중심의 서비스가 아니라 수요자 중심의 서비스가 지향해야 하는 바가 어디인지를 생각하게 되었다.

나의 환자들을 생각했다. 나의 간호 서비스를 생각했다. 환자는 그저 환자일 뿐이라고 생각했던 것은 아닌지, 난 바쁘니까 내가 해줄 수 있는 건 없다고 생각한 것은 아닌지. 아무렴 환자 역할을 맡는 사람이 따로 있나. 나의 말 한마디에 상심하고, 나의 행동 하나에 상처 입는 그들은 나의 부모이고, 나의 형제이고, 바로 나였다. 응급실을 나왔다. 이전에 본 적 없는 파란 하늘이 나를 보고 웃고 있었다.

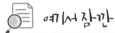 **여기서 잠깐**

임상 간호사의 업무

임상 간호사는 병원에 근무하는 간호사를 말하는데 크게 병동 간호사, 외래 간호사, 심사실 간호사로 구분한다. 병동 간호사는 수술실, 응급실, 중환자실 같은 특수 병동 간호사와 진료과목별로 나뉘는 일반 병동 간호사가 있다. 외래 간호사는 외래 진료를 담당하는 간호사다. 심사실 간호사는 일반 병동에서 일정 정도 연차가 쌓인 간호사 중에서 지원을 받는 경우가 많다. 환자의 차트를 확인해서 국민건강보험공단에 의료보험금을 청구하는 일이 주 업무이다.

＊전문 간호사 제도(Advanced Practice Nurse, APN)
2000년부터 시행된 전문 간호사는 보건복지부 장관이 인증하는 전문 간호사 자격을 갖고 해당 분야에 대한 높은 수준의 지식과 기술을 가지고 의료기관이나 지역사회 내에서 간호 대상자(개인, 가족, 지역사회)에게 상급 수준의 전문가적 간호를 자율적으로 제공한다. 또한, 환자, 가족, 일반 간호사, 간호 학생, 타 보건의료 인력 등을 교육하고 보수교육이나 실무교육프로그램 개발 등에 참여한다. 현재 의료법에서 인정하고 있는 전문 간호사 분야는 보건, 마취, 가정, 정신, 감염관리, 산업, 응급, 노인, 중환자, 호스피스, 종양, 임상, 아동으로 총 13개이다.

＊전문 간호사 교육 과정
전문 간호사 교육 과정은 보건복지부 장관이 지정하는 전문 간호사 교육기관(대학원 수준)에서 2년 이상 실시하며, 10년 이내에 해당 분야에서 3년 이상 간호사로 근무한 경험이 있어야 교육 과정을 신청할 수 있다.

내가 웃어도 웃는 게 아니야

그날도 평소와 다름없었다. 인수인계를 마치고 아침 주사를 트레이 2개에 산처럼 나누어 담아 병실로 출발했다. 이 병실, 저 병실을 누비며 주사를 다 놓고 나서야 뻐근한 두 다리를 이끌며 간호사실로 복귀했다. 2시간이 훌쩍 흘렀다. 그리고 동기 K의 입원 소식을 들었다.

K의 병실에는 근무가 끝난 동기들이 하나둘 모여들었다. K는 우리의 걱정과는 달리 환한 표정으로 우리를 맞았다. 우렁찬 목소리로 K가 이야기를 시작하자 가슴 한편에 커다란 바윗돌 하나가 '쿵' 하고 떨어졌다.

'혹시나 우려하던 사고가 역시나 현실이 되었구나' 깊은 한숨이 나도 모르게 나왔다.

K는 자신이 놓았던 바로 그 주삿바늘에 찔렸다. 간염 환자에게 놓았던 주사기 바늘에는 환자의 피가 아주 소량 역류되어 있었고, 바늘에 찔리면서 그 혈액이 손가락 모세혈관을 타고 그녀의 혈관으로 들어갔다. K는 주삿바늘에 찔렸을 때, 일반 환자도 아니고 간염 환자에게 놓은 주삿바늘에 찔렸을 때, 반드시 해야 하는 기본 처치를 제대로 하지 못했다. K가 한 일이라고는 처치용 카트에서 소독용 솜을 꺼내 쓱쓱 상처 부위를 닦은 것이 전부였다. K는 별일 없을 거라 생각했다. 그리고 그 일을 까맣게 잊었고, 그녀 눈에 황달이 생기고 주위에서 그녀의 건강을 의심하는 단계에 이르러서야 정밀검사를 받게 되었다. K는 우리 동기들이 방문한 그날 아침에 조직검사를 받았는데, 함께 맞은 마약성 진통제의 효과 때문에 상황에 맞지 않게 계속 생뚱맞게 웃었다.

나도 병원에 근무하는 동안 여러 번 주삿바늘에 찔렸다. 소독용 솜은커녕 손가락에 화장지를 둘둘 말아 꾸욱 눌렀다가 이내 다른 환자에게 주사를 놓기 위해 뛰어다녔다. 환자의 안전을 위해 일하면서 정작 나의 안전은 우선순위에서 밀린다. 아… 환자복을 입고 있는 K의 모습에서 나의 모습이 보였다. 우리의 모습이 보였다. 나는 다만 운이 좋았던 거였다. 우리는 그때까지 위험한 상황을 겨우 피해가며 병원 생활을 했던 거였다. 햇살이 환했던 어느 가을날 오후, K는 웃었고 우리는 어색하게 할 말을 찾기 위해 서로를 바라보았다. 흑백 코미디 영화의 한 장면처럼 지금도 생생하게 기억하는 장면이다.

얼마 후 인턴으로 근무하고 있는 동아리 선배 M도 주사 사고를 당했다는 소식을 들었다. 신규 간호사 못지않게 병원에서 제일 바쁘고 제일 정신없는 인턴은 기계처럼 일한다. 죽지 않을 만큼 쪽잠을 자며 하루하루를 버틴다. 그러다 사고를 당했고, 그러다 간염 바이러스 보균자가 되었다.

생각보다 이런 의료사고가 심심치 않게 발생한다. 지금이 전쟁 상황도 아니고, 주사 사고 하나 때문에 평생을 간염 환자로, 간염 바이러스 보균자로 살아가야 한다면 너무나 억울하다. 한 명 한 명 신중히 주사를 놓을 수 있는 여유가 있다면 저런 어처구니없는 실수는 없었을 텐데, 혹여 주사 사고가 발생하더라도 사고 후 제대로 처치만 했다면 평생을 간염 보균자로 살지는 않았을 텐데, 너무나 어이가 없고 안타까울 뿐이다.

신규 간호사는 바쁘다. 얼마나 바쁜지 간호사가 일하는 것이 아니라 일이 일을 한다. 정신없이 바쁜 간호사는 근무 시간 중 처리해야 할 업무가 수도 없이 많고, 그런 바쁜 상황은 이런 무자비한 상황을 초래했다. 병원에서의 충분한 인력 충원이 반드시 필요한 이유가 바로 거기에 있다. 우리의 딸이, 우리의 아들이 안전하게 그리고 제대로 일을 하기 위한 가장 기본적인 조치이다.

새내기 엄마의 든든한 서포터
S모유수유상담실 / 국제모유수유전문가

Q. 반갑습니다. 수유 전문가 국제인증 자격이 있는지 처음 알았습니다. 국제인증수유전문가는 어떻게 될 수 있고, 주로 어떤 분야에서 일하게 되나요?

A. 국제인증수유전문가(IBCLC)는 세계의 아기와 엄마에게 높은 수준의 보살핌을 제공하는 전문가로, 모유수유 국제전문시험기관인 IBLCE (International Board of Lactation Consultant Examiners)에서 주관하는 국제모유수유전문가 인증시험을 통과한 보건의료인을 말합니다. 주로 병원의 산부인과, 소아청소년과, 유방외과, 신생아 집중치료실이나 보건소의 모자보건센터, 보육센터, 조산원 등에서 근무합니다. 직접 모유수유클리닉을 운영하거나 개별 가정을 방문하는 프리랜서로 활동할 수도 있고, 산후조리원이나 영유아, 산모, 출산용품 관련 업체에 근무하며 산모나 산후관리사의 교육을 담당할 수도 있습니다.

Q. 어떤 계기로 수유전문가가 되셨는지 궁금합니다.

A. 저는 대학교를 졸업한 후 소망했던 서울대병원에 취직했고 원하는 수술실로 발령을 받았습니다. 하지만 설레고 기뻤던 마음은 병원에

입사하는 첫날 바로 무너졌습니다. 낮이나 밤이나 병원은 늘 분주했고 항상 생사가 오가는 환경 속에서 실수 하나도 용납이 안 되는 수술실은 자부심도 갖게 했지만 제가 그만큼의 역량이 되지 못한다는 자괴감을 느끼게도 했습니다. 항상 불안하고 긴장된 생활에 지쳐있을 때쯤 결혼과 동시에 임신을 하게 되었고, 제 삶에서 휴식이 필요하다는 판단과 함께 제 손으로 아기를 키우고 싶은 마음에 육아휴직을 신청하게 되었습니다.

하지만 아름다운 모유수유를 꿈꿨던 저는 종일 유방통과 우는 아이에 하루하루가 너무나 힘들었습니다. 그러던 중 지인이 모유수유전문가에게 상담을 받아보는 것이 어떻겠냐고 조언을 해주어 모유수유클리닉을 방문하게 되었습니다. 그때 만난 국제인증수유전문가는 제 상황을 듣고 제 수유 상태를 판단해서 문제를 해결해주었습니다. 유방마사지를 통해 젖 배출이 잘 되니 신기하게 통증이 사라졌습니다. 제 상황에 대한 이해와 공감을 얻으며 저는 점점 자신 있게 모유수유를 할 수 있었습니다.

상담실을 나오면서 지금까지 아기와 제가 고생한 날이 허무할 정도로 속이 시원했고 모유수유전문가에 대해 관심이 생겼습니다. 아니 관심 정도가 아니라 서울대병원 합격통지서만큼 짜릿한 기분이 들었습니다. 그곳에는 따뜻함이 있었고, 전인적인 간호가 있었습니다. 사람 대 사람으로 마주 보며 산모의 상황을 해결해줄 수 있다면, 이렇게 좋은 직업이 또 있을까 하는 생각이 들면서 이 길이 내 길이라는 확신이 들었습니다. 그렇게 돌도 안 된 아기를 키우며 자격증 준비를 했습니다. 간절한 만큼 그 다음 해에 자격증을 취득하게 되었고 국제인증수유전문가라는 새로운 직업의 길로 들어서게 되었습니다.

Q. 현재 소속되어 일하는 곳은 어디인가요? 앞으로 모유수유전문가의 비전에 대해서도 말씀해 주세요.

A. 저는 현재 모유수유클리닉을 운영하면서 보건소에서 강의하고, 산후조리원에서 산모들의 모유수유를 책임지고 있습니다. 해가 갈수록 직장과 건강 등의 문제로 모유수유를 지속할 수 있는 산모가 줄고 있습니다. 직업 자체가 희소성이 있고 전문성이 있으니 앞으로도 충분히 전망이 밝다고 생각합니다. 저는 제 직업을 단순히 돈을 벌기 위한 직업으로 생각하지 않습니다. 나를 찾는 한 사람이 있다면 그 한 사람을 위해서 최선을 다할 것입니다.

Q. 모유수유전문가는 어떤 사람에게 잘 맞을까요?

A. 자격증만으로는 산모들을 이해하거나 공감하기 어려울 수 있습니다. 사람들의 외모와 성격이 다르듯 산모의 유방 상태도 다르고, 산모의 환경도 다릅니다. 산모의 환경을 전반적으로 다 파악하고 아기의 기질이나 구강구조 등을 파악하여 적절한 수유관리지침을 제공하고 문제점을 해결해야 합니다. 그러기 위해서는 병원이나 조리원에서 산모들을 많이 만나서 다양한 케이스를 접하는 것이 중요합니다. 또한 산모들과 아기에

대한 존중심, 이해심, 공감 능력이 반드시 전제되어야 하고 상담사를 찾아오는 산모들에게 책임의식을 갖고 임해야 합니다.

Q. 일하면서 느꼈던 보람의 순간을 말씀해주신다면?

A. 참 예뻤던 산모분이셨습니다. 산모는 유두 균열이 심해 젖을 물릴 때마다 찌릿찌릿한 통증을 느꼈고, 아기는 젖의 양이 부족하다며 수시로 울어 산모는 예민해졌고, 부부는 모유수유 문제로 자주 다퉜다고 했습니다. 책에서 하라는 대로 열심히는 했으나 무엇이 문제인지 모르겠고 모유수유가 너무 어렵다며 저를 보자마자 눈물을 뚝뚝 흘렸습니다. 먼저 아기를 살펴보니 아기의 구강 구조에 문제가 있어서 병원에 가서 진단을 받으라고 권유했습니다. 병원을 다녀온 다음에는 아기의 젖 물림을 교육했습니다.

이분은 복합적인 문제가 동시에 와서 산모분도 힘들었지만 저도 그 상태를 정확히 판단하기 위해 많이 생각했고 연구했습니다. 다행히 포기하지 않고 꾸준히 상담을 오셨고, 오실 때마다 점차 나아졌습니다. 수유에 자신감이 생겼다며 아기와의 수유 시간이 세상에서 제일 행복한 시간이라고 말씀했던 기억이 납니다. 일 년 뒤에 수유를 잘 마쳤다며 찾아왔는데 체중이 적었던 아기가 우량아가 되어서 엄청 뿌듯했습니다. 아기를 위해서 포기하지 않는 분들을 보며 저 또한 엄마의 위대함에 대해 다시 생각합니다. 이런 직업을 갖게 된 제 자신이 자랑스럽고 참 보람 있는 직업이라고 생각합니다.

한 가지 에피소드를 더 소개합니다. 산부인과에서 만난 중국 분이셨는데 아주 단단하고 신축성이 없는 치밀 유방을 가지고 계셨습니다. 또 유두는 입으로 물 수 없을 정도로 안쪽 깊숙이 함몰되어 있어서 직접 수유를 할 수 없는 상태였습니다. 엄마는 모유수유에 대한 의지가 누구보다 강했으나 결국 집에 돌아가서는 모유수유를 포기했습니다.

그분이 2년 뒤 둘째를 출산하면서 다시 뵙게 되었는데, 둘째는 꼭 모유수유하고 싶다며 저한테 강한 의지를 보여주셨습니다. 저도 이런 분을 만나면 가슴이 벅차오르고 꼭 모유수유를 성공시켜야지 하는 마음에 가슴이 설렙니다.

조급해하지 않고 하나하나 해결한다는 마음으로 수유의 문제점들을 분석했습니다. 수유보조기의 도움을 받아 첫째 아기 때는 한 번도 물려보지 못했던 젖 물림에 성공하고, 유방마사지를 통해 치밀했던 유방에서 젖 배출이 잘되도록 도와드렸습니다. 산모도 해결되는 과정이 하나하나 보이니 힘든 상황이지만 긍정적인 마음을 가지게 되었고, 수유를 계속하니 젖의 양도 많이 늘어나 심했던 함몰 유두도 개선되었습니다.

시간이 흘러 아기의 체중이 증가하면서 보조기를 뗄 수 있었습니다. 첫째는 한 달도 모유수유를 못했는데 둘째는 완전 모유수유를 2년 동안 했다고 합니다. 중국으로 돌아가서도 모유 덕분에 아기가 건강하다며 사진을 보내오곤 하는데 오히려 그 시간을 잘 버티어 준 산모분께 감사드립니다.

Q. 모유수유전문가에 관심이 있는 후배들을 위해 한 말씀 해주세요.

A. 세상에 쉬운 일은 없다고 생각합니다. 간호 업무가 힘들긴 하지만 간호사만큼 다양한 직업을 가질 수 있는 직업이 또 있을까요? 병원을 갈 수도 있고 회사에 들어갈 수도 있고 공무원이 될 수도 있고 길은 많습니다. 일을 놓지 않고 계속 나아가면 어느새 방향이 보일 거예요. 혼자 고민하지 말고 옆의 동료들과 같이 생각을 나누어 보세요. 서로 의지하면서 고민을 털어내세요. 시간이 흘러 많이 성숙해지고 단단해진 자신을 발견하실 겁니다.

 예서 잠깐

*국제인증수유전문가(IBCLC, International Board Certified Lactation Consultants) 응시 자격

IBCLC 시험에 응시하는 지원자는 다음의 3가지 요건을 충족해야 한다.

① 공인된 의료전문직의 업무를 수행하는 사람으로서 간호사, 의사, 한의사 면허 보유자 또는 간호조무사 자격 보유자.

② 수유와 직접 연관된 임상 경험자로, 최소 1,000시간의 수유와 직접 연관된 임상 경험이 있는 자(시험 응시 원서접수 직전 5년 동안의 경력만 유효함).

③ 수유와 직접 연관된 교육을 수료한 자로, 최소 90시간 이상의 수유와 직접 연관된 교육을 수료하여야 한다(시험 응시 원서접수 직전 5년 동안의 수료증만 유효함).

산티아고는 어디로든 갈 수 있는 바람의 자유가 부러웠다.
그러다 문득 깨달았다.
자신 역시 그렇게 할 수 있으리라는 사실을.
떠나지 못하게 그를 막을 것은 아무것도 없었다.
그 자신말고는.

파울로 코엘료의 소설 『연금술사』 중에서

병원 밖 세상이 궁금해요

병원 밖 세상엔 무엇이 있나요?

병원 일에 익숙해졌다. 이제는 내 한 몫의 일을 거뜬히 해내는 일꾼이 되었다. 오랜 입원으로 혈관이 깊숙이 숨어버린 환자들의 혈관 주사도 선배 간호사의 도움 없이 혼자 처리할 수 있었다. 입원 환자가 한꺼번에 들이닥치거나 수술 환자가 여러 명 있어도, 정리해야 할 차트가 잔뜩 쌓여 있어도 김 쌤은 자신에게 주어진 업무를 차근차근 처리해 나갔다.

병원 일에 익숙해지니 일이 좀 편해졌다. 그런데 일이 편해지자 매너리즘도 함께 찾아왔다. '요 정도의 일 가지고 선배들은 주름을 잡고 나를 들들 볶은 거야?' 하는 오만함이 생겼다. 또 한편으로는 이 일을 앞으로도 계속 반복해야 한다는 것이 답답하고 지루하게 느껴졌다.

그런데 좀처럼 익숙해지지 않는 것도 있었다. 오히려 시간이 가면 갈

수록 점점 더 힘들어졌다. 바로 나이트 근무였다. 나이트 근무만 아니면 병원 간호사도 할 만하다 그랬는데 그 고비가 이렇게 빨리 올 줄 몰랐다. 내게 있어 나이트 근무는 시간이 흘러도 친해지지 않는 어색한 동료 같았다.

나이트 근무가 시작되는 날이면 근무 대기조가 되어 집 밖으로 한 발자국도 나가지 않고 종일 집에서만 어슬렁거렸다. 나이트 근무를 한 나음 날이면 모를까 나이트 근무 첫날은 사실 낮에 잠도 오지 않았다. 미리 자 둘 수도 없고 그저 마음만 무거웠다. 침대벌레처럼 침대에서 꼼지락거린다. 4~5일씩 계속되는 나이트 근무 중간은 말할 것도 없고 나이트 근무가 끝나는 날에도 다른 일정은 잡을 수가 없다.

나의 경우는 나이트 근무가 끝나면 곧장 귀가하여 잠부터 잤다. 중간에 잠깐 잠이 깨도 계속 침대에서 꾸물거렸고 어떤 날은 근무 나가기 전까지 하루 종일 잠만 자기도 했다. 근무와 근무 사이에 잠만 있었다. 나에게 나이트 근무는 오랜 여행자의 발목을 잡는 무거운 짐이었다. 그 짐을 들고 이러지도 저러지도 못하고 우두커니 서 있기만 했다.

그러다 한 동기의 소식을 들었다. 학교 졸업 후 학교 병원에 같이 입사했는데 어느 날 홀연히 병원을 그만두고 다국적 의료기 회사에 들어갔다고 하였다. 그 동기를 만나 그 회사에서 어떤 일을 하는지 듣게 되었다. 그 의료기 회사는 미국의 유명 제약회사의 자회사로 상처 치료 제품, 장루 제품, 유방암 환자의 보형물 등 다양한 제품을 생산해서 병원에 공급하고 있었다. 특이한 점은 그 회사의 영업사원은 모두 간호사를 채용한다고 했다. 아무튼 그 친구는 그 회사에서 장루 전문 간호사로 활동하며 주로 환자 교육을 하고 관내 대리점 관리를 한다고 했다.

'장루 전문 간호사라고? 장루는 신생아실과 정형외과에서 근무한 나도 잘 모르는데, 내가 어떻게 환자한테 설명하지? 그리고 환자 교육만 한다고? 말만 그렇게 하고 실제로는 제품을 하나씩 들고 다니며 병동에서 파는 것 아냐?'

동기의 얘기에 일단 의심부터 들었다. 하나씩 꼬치꼬치 다시 캐물었다. 대학병원급에는 자신의 회사 제품이 이미 납품되어 있기 때문에 병원을 방문하여 환자 교육만 하면 된다고 동기는 자신 있게 말했다. 자신은 일반 외과에 근무하여 이미 장루에 대해 알고 있었지만, 장루에 대해 모르는 간호사도 회사에 입사하면 처음부터 교육을 시켜주기 때문에 걱정할 필요가 없고 영업에 대해서도 크게 부담을 가질 필요가 없다 하였다. 업무 이야기는 길어졌고 머리는 여전히 갸웃거려졌다.

'그래도 영업인데 여러 사람과 관계를 만들어가고 그 관계를 좋은 관계로 지속시켜야 하는데, 한 번도 영업을 안 해본 내가 잘할 수 있을까?'

그러다 갑자기 근무시간이 귀에 훅 들어왔다. 일반 직장인들처럼 아침 9시부터 오후 6시까지가 근무하고 토요일은 격주 근무, 일요일은 쉰다고 했다. 일반인들에게는 평범 그 이상도 이하도 아닌 근무 시간이 교대 근무를 하는 나에게는 너무나도 달콤하게 들려왔다. 세상의 소리는 일순 멈추고 갑자기 머릿속에서는 종소리가 울려 퍼졌다. 간호사복을 입지 않고 정장을 입는 그녀가 만나는 병원 밖 세상이 궁금해졌다. 머릿속으로는 주말마다 하고 싶은 일들이 앞 다투어 떠올랐다. 예쁜 정장을 사러 백화점에 가고 싶어졌다. 어느새 김 쌤은 병원 밖 세상으로 떠날 채비를 하고 있었다. 세상의 우려는 뒤로하고 펜을 꾹꾹 눌러 사직서를 쓰고 있었다.

김 쌤, 영업사원이 되다

병원을 그만두고 영업사원이 되었다. 영업사원을 개밥에 도토리로 여겼는데 그러던 내가 영업사원이 되었다. 병원에 있을 때 잘해줄 걸 역시 사람 일은 모른다. 내가 영업사원이 되었다. 지금도 많은 사람이 두려워하는 그 일을 영업의 'ㅇ'자도 모르던 내가 겁도 없이 '덜컥' 그 일을 시작해 버렸다.

근무한 회사는 미국계 글로벌 의료기 회사였다. 회사는 내가 근무하기 한참 전부터 전국 영업사원의 90%를 병원 경험이 있는 간호사로 채용하고 있었다. 어쩜 국내 회사가 아니었기 때문에 당시에는 파격적으로 간호사를 영입했던 것 같다. 의사와 환자에게 제품을 설명하고 교육하는데 간호사가 '가장 훌륭한 디테일러이자, 교육자'라는 마인드가 있었으리라.

입사하자마자 내가 회사에서 받은 직위는 대리였다. 병원 근무 경력이 인정되어 그렇게 받은 거지만 대리라는 직위가 그렇게 좋을 수가 없었다. 지금도 그렇지만 당시에도 일반 간호사가 책임 간호사가 되는데 보통 10년 이상의 시간이 필요했던 터라 순식간에 10년의 세월을 보너스로 받은 듯했다. 명함을 내밀 때마다 어깨가 으쓱해졌다. 김 쌤은 김 대리가 되어 이 병원 저 병원을 기웃거렸다.

회사는 크게 두 가지 카테고리의 제품들을 판매했다. 첫째는 대장암 수술을 받은 환자가 평생 사용해야 하는 장루 제품이다. 우리 회사는 제품을 많은 대학병원에 납품하고 있어 대장암 수술을 받아 장루를 달고 나온 환자들은 병원에서 우리 제품을 사용하게 된다. 나는 병동 수간호사 선생님께 그 주에 수술을 받은 환자를 소개받아 제품의 사용법과 장루 관리법 등을 교육했다.

두 번째 제품은 당시로서는 혁신적인 드레싱 제품이다. 지금은 TV CF의 CM송이 유명해지고 일반 가정에서도 많이 사용하는 제품이 되었지만 20년 전만 해도 상처를 덮어서 치료한다고 하면 무식하거나 용감한 사람으로 취급받곤 했다. 상처는 공기를 잘 통하게 해야 덧나지 않고 빨리 낫는다는 게 당시의 일반적인 상식이었다. 그런 상식은 병원의 의사들도 마찬가지여서 제품에 대해 설명할 때마다 나는 외계에서 온 생명체나 황야의 무법자가 된 기분이었다.

의료기 회사에서 김 대리가 한 일은 주로 세 가지였다. 첫 번째는 우리 제품이 납품되고 있는 병원을 주기적으로 방문하여 장루 수술을 받은 환자에게 장루 케어를 하는 일이다. 그리고 병동 간호사와 의사들과 좋은 관계를 유지한다. 두 번째는 우리 제품이 납품되지 않는 병원을 정기적으로 방문하여 우리 제품의 특장점을 알리고 우리 제품을 그 병원에 납품하기 위해 노력하는 일을 한다. 세 번째는 내가 맡은 지역의 대리점을 방문하여 우리 회사의 제품을 다양하게 구비하도록 한다.

대리점에는 우리 제품뿐만 아니라 경쟁사 제품을 쓰는 환자들도 장루 제품을 사러 오는데, 경쟁사 제품에 불만이 있거나 만족하지 못하는 경우 대리점 직원은 자연스레 우리 제품을 권할 수 있다. 대리점 직원의 권유로 사용하던 제품을 교체하는 경우도 왕왕 있기 때문에 대리점 직원과 좋은 관계를 유지하는 일은 대리점에서 다양한 제품을 구비하는 선결 조건이 된다.

이미 우리 제품이 납품되어 있고 이전부터 관계 형성이 잘 된 병원은 관리하기가 쉬웠다. 정기적으로 병동을 방문하여 제품 샘플을 전달하고 제품 관련 불만 사항이나 요구 사항을 신속하게 처리한다. 또한 장루 환자가 생기는 즉시 병동을 방문하여 환자 교육을 시행한다. 물론 관계가 좋은 병원이라고 해도 방심하면 안 된다. 경쟁사 영업사원은 호시탐탐 기회를 엿보고 있으니.

우리 제품이 아닌 경쟁사 제품이 납품되는 병원은 정기적으로 방문하기도 쉽지 않았다. 그 회사의 영업사원과의 관계 때문에 수간호사 선생님이나 병원 의국장이 나를 만나주지도 않고 만나주더라도 건성건성 대할 때가 많았다. 그래서 아예 기존에 전혀 방문이 없던 병원을 새로 뚫는게 속이 더 편하기도 했다. 대장암 수술을 받은 장루 환자는 적지만, 수간호사 선생님과 관계만 잘 다져 놓으면 환자가 생기는 대로 나에게 연락이 올 수 있기 때문이다. 그렇게 몇몇 환자의 장루 케어를 하다 보면 병원에 입찰할 기회가 생긴다. 정식으로 제품을 병원에 납품하게 되는 것이다.

일단 병원 납품을 목적에 두고 D병원의 일반외과 과장님을 타깃으로 삼았다. 외래 진료 시간에 환자를 모두 진료하고 나면 병동 라운딩 전에 내게 주어지는 시간은 5분도 채 안 되었다. 그 시간 동안 어떻게 하면 우리 제품에 대해 잘 설명할 수 있을지 고민 또 고민하였다. 시나리오를 만들어 외우고 수정하는 것을 수차례 반복했다. 과장님 외래 시간 내내 진료실 앞에서 기다리기만 하다 끝나는 날도 있었다. 그리고 다시 수차례 과장님의 외래 진료실 앞을 서성거리며 잠깐의 짬을 노렸다.

이심전심이었을까? 당시 여자 영업사원이 드물었던 터라 과장님께서는 날 신기하게 보았고, 일반외과 의국의 모든 레지던트 선생님들을 불러 모아 제품 디테일링을 하는 자리까지 만들어주었다. 한편으로는 뿌듯하고 한편으로는 우쭐해지는 순간이었다. 그렇게 하나씩 영업에 대한 두려움을 이겨 나가며 작은 병원부터 접수해 나갔다. 한 명의 환자라도 의사 선생님께서 직접 콜을 주면 버선발로 뛰어나가 환자 교육을 했다. 조금씩 신뢰가 쌓이고 조금씩 우리 제품의 우수성을 알릴 수 있었다. 그렇게 시간이 지나 병원에 우리 제품을 납품하게 되면 더할 나위 없이 기뻤다.

회사에서 일하는 것은 재미있었다. 병원 근무는 근무시간이 들쭉날쭉해서 퇴근 후 취미생활을 한다거나 외국어 학원에 다니는 것조차 힘들었는데, 회사 근무는 그 모든 것을 가능하게 했다. 당시에는 주 5일 근무제가 시행되기 전이라 격주로 토요일에 쉬는 것도 좋았고, 매주 일요일과 국경일에 남들처럼 똑같이 쉬는 것도 좋았다. 난 조금씩 자신감을 갖게 되었다. 간호사 김 쌤이 아닌 전문 영업사원 김 대리는 조금씩 나의 분야에서 나의 색깔을 찾아가고 있었다. 아무도 가지 않은 그 길을 나는 점점 사랑하게 되었다.

대장암 환자의 인공항문 관리

대장에 생기는 대장암은 암이 어느 부위에 발생했느냐에 따라 기존 항문을 존치할지, 인공 항문(장루)을 새로 만들지가 결정된다. 인공 항문은 기존 항문을 존치하기 어려운 경우, 본인의 대장을 이용하여 환자의 복부에 대변이 나오는 길을 새로 만들어주는 것이다. 일시적으로 내는 경우와 영구적으로 내는 경우가 있고, 두 부류 모두 장루 제품을 일시적으로 혹은 영구적으로 사용해야 한다. 왜냐하면 우리 몸속의 대변은 큰창자라고 불리는 결장을 통과하면서 수분이 흡수되어 단단한 상태가 되는데, 대장암 환자의 경우 수술에서 결장의 많은 부분이 절제되어 수술 후에는 수분이 그대로인 아주 무른 상태의 변이 몸 밖으로 나오게 된다. 게다가 복부로 노출한 대장 자체에는 괄약근이 없어 환자의 의지와 상관없이 대변이 수시로 흘러나온다.

적당한 피부 보호제로 피부를 보호하지 않으면 조금이라도 새어 나온 대변이 피부에 닿아 금세 피부 트러블을 일으킨다. 한번 발생한 피부 트러블은 대변의 특성상 계속해서 문제를 일으킬 수도 있다. 따라서 인공항문에 꼭 맞는 피부보호제 사용과 대변이 새지 않도록 깔끔하게 파우치를 달아주는 장루 케어는 환자의 삶의 질뿐만이 아니라 환자의 피부 건강을 위해서도 반드시 필요하다. 이렇게 환자의 인공 항문을 관리하고 교육하는 간호사를 장루 전문 간호사라 부른다.

장루를 처음 달게 되면 수시로 나오는 가스와 대변 때문에 식사 자체가 스트레스가 되어 식사를 거의 못 하는 환자분들이 많다. 식사를 거르면 회복이 늦어지고, 음식물이 들어가지 않으면 장과 장이 서로 들러붙는 장 유착이 발생할 수도 있다. 큰 수술을 다시 받아야 하는 위험한 합병증이다. 수술 부위에 따라 다르지만, 수술 후 어느 정도 시간이 지나면 수술 직후보다 변이 다소 굳을 수 있음을 얘기하며 긍정적인 마음을 갖도록 환자를 지지한다. 그리고 특별히 가스를 많이 만드는 음식의 목록을 알리고 그 음식을 미리 피해 식사에 대한 스트레스를 줄이도록 교육한다. 요즘 나오는 장루 케어 제품들은 매우 잘 만들어서 가스도 자동으로 배출하고, 파우치를 잘 잠그기만 하면 중간에 저절로 파우치가 열려 낭패를 보는 일은 없다고 교육해서 환자를 안심시켜 드린다.

한번은 S병원의 간호과장님께서 내가 간호사라는 것을 알고 병원 간호사 전체를 대상으로 장루 교육을 해달라고 부탁하셨다. 나보다 연차가 한참 많은 간호사들 수백 명 앞에서 강의하는 것이라 준비 전부터 부담이 컸지만 제대로 준비해서 멋지게 해내자 하는 마음 또한 컸다.

현재 우리나라의 대장암 발병률은 어느 정도이고, 대장암 환자는 어떻게 진단되고 치료되는지, 장루 수술 후에는 어떤 식으로 장루를 관리하고 식이나 생활습관에서는 어떤 걸 조심해야 하는지, 모형과 제품을 이용하여 내가 알고 있는 지식과 경험을 모두 쏟아 강의했다. 그리고 일반

외과 병동 간호사가 꼭 알아야 하는 내용은 강조 또 강조하였다. 2시간의 교육은 순식간에 끝났고 간호과장님이 꽃다발을 들고 환하게 웃고 계시는 모습을 보았다. 내가 전문 간호사로 인정받은 거 같아 정말 기분이 좋았다. 그리고 그 병원을 다시 찾을 때마다 병동 간호사들이 수고한다고 인사를 건네주었다. 그 병원에 장루 환자가 생기면 나에게 바로 연락이 오는 것은 덤이었다.

대장암 환자들을 만나다 보면 환자들의 다양한 사연을 접한다. 대부분이 안타까운 사연이었다. 한번은 20대 청년이 대장암 수술을 받고 인공항문을 달게 되어 병실을 방문하였다. 젊은 사람에게서 대장암 발병이 늘었다고는 하나 그래도 매우 드문 경우였다. 안쓰러운 마음이 컸는데, 환자와 면담을 하다 보니 부친께서도 대장암으로 몇 년 전에 인공 항문을 달게 되었다는 얘기를 듣게 되었다. 수술 후 관리에 대해 더 힘주어 말해보지만, 위로의 말이 빨리 생각나지 않고 자꾸 멍해졌다.

많은 암들이 그렇지만 대장암은 특히 가족력이 많은 질환이다. 보통은 50대 이후에 많이 발생하는데, 최근에는 서구화된 식생활, 불규칙한 생활습관, 잦은 음주와 스트레스로 인해 젊은 나이에서 발생이 증가하고 있다. 우리나라는 세계가 부러워하는 국민 건강보험을 가지고 있는 나라다. 대한민국 국민이라면 50세가 되면 대장암 검사를 무료로 받게 된다. 물론 가족력이 있는 경우에는 그전이라도 검사를 받아보는 것이 좋다.

대장암은 침묵의 암이라고 불릴 만큼 증상이 잘 나타나지 않는다. 그래서 대장암 증상이 나타난 이후에 정밀검사를 받는다면 암이 꽤 진행되어 수술 시기를 놓치는 경우가 많다. 검진을 통해 대장암을 조기에 발견하는 것이 무엇보다 중요한 이유이다. 조기에 발견해서 치료를 받으면 장루를 만들지 않고 기존의 항문을 살리는 쪽으로 수술을 할 수 있다.

몸이 보내는 신호를 잘 살피자. 좋은 음식을 먹고, 좋은 생활습관을 갖고, 스트레스로부터 나를 보호하자. 우리는 모두 소중하니까.

손해사정회사의 조사원은 아무나 하나?

의료기 회사에서 만 3년을 근무했다. 태생이 단조로운 것을 싫어하는 성격이라 어느 날부터 반복적인 일이 시들해졌다. 더 재미있는 일이 없을까 구인사이트를 들락거리다 손해사정회사에서 간호사를 뽑는다는 구인 광고를 보게 되었다. 호기심에 면접을 봤는데 덜컥 오란다. 내가 인상이 좋은가? 말주변이 좋은가? 아님 운발이 좋은가? 아무튼 또다시 남들이 가지 않는 길을 가게 되었다.

조사원으로 내가 한 일은 크게 두 종류였다. 첫 번째는 보험금을 청구한 보험 가입자들의 병력과 차트를 검토하는 일이다. 보험금을 청구한 보험 가입자가 혹시 이전에도 같은 병명으로 치료를 받은 적은 없는지, 이번에 보험금을 청구한 질병이 이전에 앓았던 질병으로 생긴 합병증은 아닌지, 과거 병력과 현재 병력과의 연관성을 조사한다. 또 보험 가입 시 자신의 기왕력(旣往歷)을 숨기고 보험에 가입하지 않았는지 여부도 확인한다. 여기서 기왕력을 숨기고 보험에 가입한 게 확인되면 보험금을 받을 수 없는 것은 물론이고 계약 해지에까지 이르게 된다.

보험 회사는 어떤 경우에 보험 계약자의 병력을 조사해 달라고 손해사정회사에 의뢰할까? 보험 계약자가 보험 개시일(보통은 보험 가입일로부터 2년 이후에 보험금이 지급된다) 직후에 치료비 청구를 하는 경우, 혹은 중병이 발병했는데 그 전에 관련 질환으로 치료받은 병력이 하나도 없는 경우, 여러 보험 회사에 중복으로 보험을 가입한 경우, 보험 회사의 기준에서 여러 가지 의문점들이 있을 때에 손해사정회사에 조사를 의뢰한다.

내게 일이 배당되면 제일 먼저 환자를 만난다. 어떻게 처음 증상이 나타나서 병원에 가게 되었는지, 그 증상은 언제부터 시작되었는지 환자의 얘기를 우선 듣는다. 그런 다음 환자의 동의를 얻어 병원의 진료 기록을 확인한다.

"내가 이전부터 아팠다고 했는데, 설계사가 괜찮다고 그런 건 굳이 보험 가입하면서 말할 필요가 없다고 해서 가입했어요."

보험 설계사의 말만 믿고 잘 알아보지 않은 상태에서 보험에 가입하면 낭패를 볼 수 있다. 이 경우 보험 가입 시 보험 계약자가 지켜야 할 질병 고지 의무를 위반했기 때문에 보험료를 받을 수 없다. 지금은 보험 설계사의 부정 판매로 간주되어 계약 자체가 무효화된다.

두 번째로 내가 한 일은 의료배상보험을 가입한 의사들의 과실 여부를 확인하는 일이다. 의사도 사람인지라 진료나 수술 과정에서 실수도 할 수 있다. 병원은 혹시나 있을지 모를, 만에 하나 발생할 의사의 실수에 대비하여 의료배상보험에 가입한다. 그리고 병원에서 의료사고가 발생하면 그 의료사고의 원인이 의사의 과실에 의한 것인지, 아니면 환자의 질병이나 환자의 상태 때문에 부득이하게 발생한 것인지 조사에 들어간다. 의사가 순순히 자신의 과실을 인정한다면 병원은 보험사에 보험금을 청구한다. 그때 손해사정회사 조사원이 병원에 파견되어 환자의 기록을 검토하고, 해당 의사와 면담을 하게 된다. 의사의 과실로 인정되면 보험금이 지급되어 의료사고 피해자가 보험금을 수령한다. 하지만 의사가 본인의 과실이 아니라고 주장하면 병원은 환자와 소송까지 가게 되어 법정에서 시시비비를 가리는 경우도 종종 발생한다.

한번은 의료과실로 추정되는 수술로 인해 이제 돌이 되는 아기가 죽은 일이 있었다. 그때 알았다. 아기의 목숨값은 그 금액을 말하는 것이 송구스러울 만큼 너무나 적었다. 법대로 다 적용했을 때의 배상액이 그랬다. 목숨값이라고 하기엔 너무나 터무니없는 배상금. 뭔가 가슴 아래서 울컥 올라온다. 병원에서 약간의 위로금을 더 건네주기는 했지만 도저히 위로가 안 되는 위로금이다. 현재 돈을 벌고 있고 이후에도 지속해서 돈을 벌 가능성이 커야, 그런 직종에 있는 성인만이 배상금을 많이 받을 수 있다. 그때 그 아이의 아빠를 만나 뵙고 얼굴을 들 수가 없었다. 참으로 송구스러웠다.

이 경우는 의사가 의료사고임을 순순히 인정한 경우라 피해자 측에서 배상금을 받는 것이 어렵지 않았다. 하지만 많은 경우 의료사고가 발생하면, 그리고 의사가 본인이 과실이 아니라고 하면 환자 쪽에서 의사의 과실을 입증하기가 참으로 어렵다. 그래서 종종 환자 쪽에서 물리적 힘을 동원해 병원 로비에 난입하고 자신의 억울함을 호소하지만, 업무방해죄라는 죄만 하나 더 얻게 된다. 환자 측에서 손해사정회사를 찾아가 보지만 환자 편에서 일하는 손해사정회사의 수는 매우 적고, 환자 측을 대리해서 소송을 해주는 변호사도 드문 편이다.

대부분의 손해사정회사는 업무를 보험회사로부터 받는다. 보험회사도 영리회사인지라 환자의 자그마한 과실을 결코 용인하지 않는다. 작은 과실을 하나라도 찾게 되면 환자는 보험을 강제로 해지당할 수 있다. 물론 다수의 일반적인 보험 계약자들에게는 해당하는 내용이 아니다. 악의를 가진 몇몇 보험 계약자들을 견제하기 위한 제도이다. 보험의 순기능을 위한 기본 장치로서 손해사정 업무는 필요하다. 조사원의 업무 자체는 전문적이나 외근이 많아 체력 소모가 많이 되었고, 나의 조사 보고서에 따라 환자의 보험금 지급 여부가 결정되기 때문에 정신적 스트레스도 많았다. 오래 일을 지속하지는 못했다.

보험은 우리네 평범한 가정의 마지막 버팀목이다. 그러니 가입부터 신경써서 꼼꼼하게 가입해야 한다. 이래저래 인생의 쓴맛을 배운 시간이었다.

수술실의 스페셜리스트
Y대 부속병원 / PA(Physician Assistant)

Q. 지금 일하는 곳과 담당하는 업무에 대해 설명 부탁드립니다.

A. 저는 신촌 세브란스병원에서 흉부외과 수술 전문 간호사로 근무하고 있습니다. 심장을 제외한 폐, 식도 등의 흉부 수술에 전담하여 참여합니다. 주로 수술 전에 환자의 현 병력과 과거력 등을 확인하고 영상검사 등을 보면서 환자의 상태를 파악합니다. 수술 당일 환자를 수술실에 모셔와 마취 후 수술 준비를 하고, 수술 중 시야 확보 등을 담당하며, 수술 후 환자를 회복실로 이동시키고, 급성 합병증 등이 없는지 확인하는 일까지 담당합니다.

Q. 수술 전문 간호사가 되기 전에는 어느 부서에서 근무했나요?

A. 서울아산병원 수술실에서 4년간 근무했습니다. 그 경험을 바탕으로 현재 포지션의 제안을 받았을 때, 일반 수술실보다 특정 분야의 수술에서 전문성을 기를 수 있고, 간호사로서의 역량과 경력에서 긍정적이고 발전을 이룰 수 있을 것 같아 오게 되었습니다. 무엇보다 수술의 꽃이라 불리는 흉부외과라는 점이 더욱 매력적으로 느껴졌습니다.

Q. PA로 일하시면서 어떤 점이 가장 힘든가요?

A. PA는 환자를 단순히 진단명, 수술 예정명 정도로 파악하는 것이 아니라 환자의 기저 질환, 복용하는 약물, 폐 기능, 그에 따른 수술 시 주의점, 수술 후 주의점까지 파악하여 수술에 참여합니다. Chest CT, PET CT, X-ray 등의 영상을 모두 확인하고 암의 크기와 위치, 주변의 주요 혈관과의 연관성도 미리 확인해서 수술의 위험도를 예상해야 합니다.

이는 단순히 간호사의 지식을 넘어서 레지던트나 교수님이 알고 있는 지식의 수준까지 요구하는 것입니다. 하지만 인력이 부족하여 뽑히면 바로 실전에 투입되어야 해서 교육을 받을 시간이 전혀 없었습니다. 혼자 구글링하고, 의학 도서관을 찾거나 논문을 뒤져서 공부를 해야 하는 점이 가장 어려운 부분이었습니다.

Q. 한국에서는 아직까지 수술 전문 간호사의 입지가 분명하지 않습니다. 앞으로는 어떻게 되리라고 예상하는지요?

A. 네, 맞습니다. 수술 전문, 또는 병동 전문이라 불리는 SA(Surgeon Assistant), PA(Physician Assistant)의 입지는 불안정한 것이 사실입니다. 미국 및 선진국에서 전문 간호사들이 독립적인 의료진으로 적극적이고 능동적인 역할을 맡아 전문성을 기르고 인정받고 있는 것과 무척 대비됩니다. 하지만 현재 우리나라 레지던트의 주 88시간 근무와 일반직 주 52시간 근무 체계가 확립되면서 전문 간호사들의 필요가 각 병원에서 증가하고 있습니다. 향후 자연스럽게 전문 간호사의 포지션에 대한 보호

제도, 인정 및 자격제도 등이 생겨서 긍정적인 방향으로 발전하리라 생각합니다.

Q. 곧 항공사로 이직하신다고 들었습니다. 어떤 이유로 이직을 결심하게 되었나요?

A. PA로 근무하다가 항공사로의 이직을 결심한 것은 아닙니다. 항공승무원은 간호학과를 졸업하고 미국에 어학연수를 갈 때부터 관심이 있었습니다. 임상에서 일하면서도 계속 욕심이 있었기에 일과 병행하며 항공승무원을 준비했습니다. 제가 좋아하는 여행을 하는 것이 직업이 될 수 있다는 것에 매력을 느꼈습니다.

Q. 항공사 취업 시에 임상 간호사로서 일한 경험이 도움이 되나요?

A. 제가 지원한 곳은 유럽 항공사인데 간호사라는 직업이 도움이 되는 듯했습니다. 면접관이 승무원의 역할 중에서 이미지나 서비스보다 안전에 좀 더 관심이 많은 분이라면 간호사 경력에 주목하고 더 좋은 점수를 주는 것 같았습니다.

Q. 외국 항공사라면 영어공부는 어떻게 준비하셨나요?

A. 저는 간호학과를 졸업한 후 미국 대학교에서 7개월 동안 어학연수를 했습니다. 졸업 후 바로 취직하는 동기들과 다르게 입사를 연기하고 어학연수를 떠났습니다. 빠른 시간에 공부를 마치고 싶어 한국인이 가

장 적은 도시와 학교를 선택했습니다. 덕분에 여러 나라에서 온 친구들을 만나게 되면서 영어 실력이 빠르게 향상되었으며 12개월 과정을 7개월 만에 완성하고 조기 귀국하게 되었습니다. 귀국 후에는 틈틈이 외국인 언어 교환 모임이나 전화영어 등을 활용하여 영어회화 능력을 유지하기 위해 힘쓰고 있습니다.

Q. 이직을 준비 중인 임상 간호사들에게 어떤 이야기를 해주시겠습니까?

A. 가장 하고 싶은 얘기는 간호사라는 경력과 자격은 수많은 기회를 얻게 해주는 보물이라는 것입니다. 단순하게는 임상에서 근무할 수 있지만 더 나아가 의료기 회사, 제약회사, 공무원, 보험관리공단, 연금관리공단, 심평원과 같은 의료 관련 직종뿐 아니라 외국계 회사나 항공사 등에서도 근무할 기회를 가질 수 있습니다.

Q. 간호학과 학생들에게도 한 말씀 해주세요.

A. 다양한 기회를 얻기 위해서는 최소 3년 정도의 임상 경력과 언어 및 기타 자격들을 같이 준비하면 좋습니다. 단순히 병원의 임상 간호사를 넘어 본인의 자아를 실현할 다양한 기회를 잡을 수 있다는 말을 꼭 하고 싶습니다.

Chapter II.

제약 마케터가 된 김 쌤

꿈을 품고 뭔가 할 수 있다면 그것을 시작하라.
새로운 일을 시작하는 용기 속에 당신의 천재성과 능력과 기적이
모두 숨어있다.

괴테

간호사, 딱 3년만 하라

01
마케팅? 제약 마케팅? &
리서치? 제약 리서치?

마케팅은 마케터에게, 리서치는 리서처에게

새로운 일을 시작하는 것은 새로운 연인을 만나는 것만큼 가슴 설레고 흥분된다. 업무가 나에게 맞을지, 내가 업무를 잘 해낼 수 있을지, 업무 자체는 어떤 비전이 있을지, 여러 생각이 머릿속을 가득 채운다. 새로 만나는 사람들과의 관계도 늘 자극을 준다. 그들의 전문성에 감탄하고 그들의 열정은 나에게 동기를 부여한다.

내가 제약 마케팅이란 분야를 전문적으로 알게 된 곳은 파맥스 리서치 & 컨설팅(PHARMAX Research & Consulting Inc.)이라고 하는 제약 전문 리서치 회사였다. 제약 리서치로 시작한 이 회사는 이후 오길비 커먼헬스(Ogilvy Common Health)가 되어, 이후 광고의 아버지라 불리는 데이비드 오길비가 만든 최고의 광고 커뮤니케이션 회사인 오길비의 계열사가 된다. 제약업계에서 최고가 되겠다는 파맥스 이름처럼 헬스케어 분야에서 최고의 에이전시가 되어 리서치는 물론 프로모션, 광고, PR에 이르기까지 360도 토털 서비스를 제공하게 된다.

그런 파맥스의 시작은 약사 5명으로 소박하였고, 난 그곳에 합류하게 된 비 약사이자 최초의 간호사였다. 내가 입사했던 1999년 즈음에는 국내 제약 시장의 빗장이 풀려 글로벌 제약사들이 앞 다투어 몰려오던 시기였다. 당시 한국에서는 제네릭(특허 만료로 다른 회사에서 생산한 동일 성분의 약)이라 불리는 카피 제품을 일반적으로 많이 쓰고 있었고, 국내 제약사에서는 마케팅 전략이란 것을 딱히 찾아볼 수 없었다. 마케팅 전략을 세워 중장기 플랜으로 진행하기보다는 단기 프로모션이나 할인 혜택, 인센티브로 대변되는 소소한 마케팅 활동을 이어가고 있었다.

글로벌 제약회사의 국내 진출은 제약 시장의 많은 부분을 바꾸어 놓았다. 먼저 마케팅 리서치가 기본이 되는 마케팅 환경을 만들었다. 그들은 마케팅 리서치 없이 어떠한 마케팅 전략도 세우지 않았다. 글로벌 본사에 국내 사정을 알리기 위해서는 현 시장에 대한 기본 점검이 필요했고, 따라서 마케팅 리서치는 마케팅 전략의 최우선 순위에 있었다. 우리 회사는 그런 시장의 분위기에 자연스레 편승했고, 글로벌 제약회사에게 꼭 필요한 회사로 자리매김할 수 있었다.

처음 회사에서 맡은 직책은 현장팀(Field Team)의 AM(Assistant Manager)이었다. FM(Field Manager)을 도와 다양한 현장팀의 업무를 배워나갔다. 먼저 제약회사에서 원하는 리서치 의뢰 목적에 맞게 1차 설문지를 개발한다. 개발된 설문지로 사전 인터뷰(Pilot Interview)를 진행하고, 그 결과에 따라 설문지를 2차, 3차 수정한다. 직접 인터뷰를 진행할 전문 면접원을 교육하고 현장업무(Field Work)가 예정된 기간 내에 잘 마무리되도록 면접원의 일정을 조율한다. 마지막으로 인터뷰가 끝난 설문지가 들어오면 제대로 인터뷰가 이루어졌는지 설문지를 전수 검수하고, 설문지를 통계팀에 넘긴다.

그 전에 의료기 회사에서 영업도 하고 손해사정회사에서 조사원 업무도 했기 때문에 다양한 간호사의 업무 영역을 안다고 자부했는데도 리서치 회사의 업무는 새로웠다. 제품이 어떤 종류의 치료제인지에 따라, 제품이 제품 사이클 중 어떤 단계인지에 따라, 조사의 방법이나 규모가 달라졌다. 종합병원 의사의 답변과 개원병원 의사의 답변이 달랐고, 의사가 생각하는 제품의 가치와 환자가 생각하는 제품의 가치가 달랐다. 모든 것을 다 고려하여 설문지를 개발하더라도 임상 의사들의 답변이 이론이나 예상과 다른 방향으로 흐르기도 했다. 그래서 원하는 목적에 맞는 설문지를 제대로 만들었는지 현장업무에 들어가기 전에 사전 점검 차원에서 사전 인터뷰가 꼭 필요했다.

처음에는 현장팀의 AM으로 시작하여, 다음 해에는 현장팀의 총 책임자인 FM이 되었다. 그리고 그다음에는 프로젝트를 맡아 전반의 운영을 책임지는 PM(Project Manager)이 되었다. 새로운 프로젝트를 시작할 때면 뱃속 아래부터 뜨겁고 묵직한 것이 올라오는 것을 느꼈고, 프로젝트가 끝날 때면 조금씩 성장한 나를 발견했다. 나에겐 친정 같은 그곳, 나에게 제약 마케팅의 A부터 Z까지 알려준 그곳은 나를 전문 리서처로 우뚝 서게 해주었다.

 여기서 잠깐

＊의약품의 종류

의약품은 전문의약품과 일반의약품으로 나눌 수 있다. 전문의약품은 의사의 처방이 필요한 의약품이고, 일반의약품은 처방전 없이 약국에서 쉽게 살 수 있는 의약품이다.

전문의약품에는 다시 '오리지널'이라 불리는 최초 개발 의약품과 그 오리지널 제품을 카피하여 만든 '제네릭 제품'이 있다. 오리지널 제품은 제조 과정과 효과에 있어 특허를 인정받은 신약이고, 제네릭 제품은 신약의 특허 기간이 만료되어 그 제품의 화학식을 그대로 복제하여 만든 제품이다. 제네릭 제품이라고 해서 효과가 없는 것은 아니다. 특허 만료된 신약과 효능, 작용 원리, 복용법 등에서 동일하게 만들어 생물학적 동등성 시험을 통과한 제품이다. 오리지널 제품 대비 효능과 안전성은 동일하고 가격은 상대적으로 저렴하다고 볼 수 있다. 정부의 약제비 억제 정책이 강화됨에 따라 제네릭 의약품의 매출 비중은 계속해서 증가하고 있다.

이와는 조금 다른 개념으로 바이오 의약품과 바이오 시밀러 제품이 있는데, 바이오 의약품은 생물체에서 유래한 것을 원료로 제조한 의약품으로 기존의 합성 의약품에 비해 독성이 낮아 부작용이 적고, 표적 장기에 직접 효능을 발휘하여 효과가 뛰어나다. 바이오 시밀러는 바이오 의약품의 제네릭 제품을 말한다.

"발기 부전 환자를 인터뷰하라고요?"

의약품은 의사의 처방전 없이 약국이나 편의점에서 쉽게 구매할 수 있는 일반의약품과 의사의 처방과 처방전을 받아야 살 수 있는 전문의약품으로 나뉜다. 일반의약품의 경우 TV 광고나 매체에서 나오는 기사를 보고 소비자가 스스로 제품을 선택하지만 전문의약품의 경우 의사에 대한 신뢰를 기본 바탕으로 의사가 처방하는 약물 그대로를 처방받는다. 이는 인터넷을 통해 의학 정보가 홍수처럼 쏟아지는 요즘도, 그래서 환자들이 매우 똑똑해진 지금도 거의 불문율처럼 이어지고 있다. 의사의 전문적 지식과 경험을 환자들이 존중하고 신뢰하기 때문이다. 그러나 예외도 있다. 환자가 치료약을 지목해서 선택하는 때도 있다.

'해피 드럭'이라고 불리는 약물은 환자에게 또한 환자가 아닌 일반인들에게도 처방된다. '해피 드럭' 중에서 우울증 치료제는 예외지만 비만 치료제, 발기부전 치료제 등은 환자의 선호도와 취향을 충분히 고려하여 의사 선생님이 처방한다. 그렇지 않으면 환자는 해피를 찾아 곧 다른 병원으로 날아갈 수 있기 때문이다.

20년 전쯤의 일로 기억한다. 한 글로벌 제약회사는 발기부전 치료제 B 약물을 국내에 론칭하기 위해 대대적인 시장조사(Market Understanding Study)가 필요했고, 실수요자인 발기부전 환자들에 대한 리서치를 우리 회사에 의뢰했다. 그전에도 환자 리서치는 종종 진행했던 터라 의사들에게 환자 추천을 좀 받으면 되겠거니 생각했는데, 본격적으로 환자 리쿠르팅을 시작하자 난관이 발생했다. 한 주가 흐르고 두 주가 흘러도 환자를 전혀 찾을 수가 없었다. 유교적인 한국 사회에서 '나 발기부전 환자요' 하며 나타날 환자가 한 명도 없었던 거다. 예상치 못한 어려움이었다.

여기저기 인터넷 환우 카페를 찾아 회원으로 가입하고 환자 인터뷰에 대한 내용을 게시판에 올렸다. 아는 비뇨기과 선생님들께 환자 추천을 의뢰하고, 직원들의 아는 지인에 지인까지 모두 총동원하여 환자를 찾았다. 신문에 광고만 내지 않았을 뿐 할 수 있는 모든 방법을 동원했다. 이제나저제나 환자에게서 연락이 오기만을 기다렸다. 하염없이 현장업무 기간이 흘러갔다.

그러던 어느 날, 본인이 발기부전 환자라고 밝히는 어떤 중년 남성에게 연락이 왔다. 인터뷰를 하는데 자신이 바쁘니 자신을 만나러 서울 시내 변두리에 있는 한 여관으로 와달라고 했다. 이전까지 환자 인터뷰는 병원 대기실에서 만나거나 우리 회사의 회의실을 이용했다. 거리가 먼 경우 서로 간의 편의를 위해 역 주변 커피 전문점에서 만났다. 이번 인터뷰 대상자는 당당하게 여관 이름을 알려주며 카운터로 와서 자신을 찾으라고 했다. 당시 환자 한 사람 한 사람을 찾아내는 것이 너무 힘들어서, 환자만 있다면야 강원도 첩첩 산골에도 갈 판이었는데도 인터뷰 대상자가 오라는 장소로 가는 것이 선뜻 내키지 않았다. 전혀 예상치 못한 장소였다.

"네? 인터뷰를 하는데, 제가 여관으로 직접 가야 한다고요?"

내부 긴급회의가 소집되었다.

"어떻게 하지? 지금 아무리 환자 인터뷰가 급해도 여관으로 오라는 사람을 어떻게 믿고 직원을 보내느냐고?"

"인터뷰를 하다가 갑자기 김 간호사를…."

…… (일동 침묵)

그렇게 침묵을 이어가다 한 분이 정적을 깨며 말씀하셨다.

간호사, 딱 3년만 하라

"맞아 맞아. 그 사람은 발기부전 환자야. 그러니 김 간호사를 어쩌지 못할 거야."

일순 우리는 환호했고, 모든 걱정이 한순간에 사라졌다.

지금 생각하면 정말 무식하게 용감했다. 나는 씩씩하게 인터뷰를 하러 갔다. 물론 여관에 환자가 있다는 것이 확인되면 인터뷰는 객실이 아닌 바깥에서 진행하려고 마음먹었다.

'미리 걱정하지 말자. 여차하면 튀면 되니까.'

지금 생각하니 우습기도 하고 아찔하기도 했다. 다행히 여관에 도착해서 카운터를 지키는 분께 용건을 말씀드렸다.

"아, 우리 집 양반 만나러 오셨구나. 잠깐 기다리세요" 하면서 사장님을 불러 주셨다.

'아…… 여관 사장님이셨구나. 미리 말씀을 좀 해주시지. 내가 괜한 걱정을 했었네.'

여관을 운영하고 계시다고 미리 귀띔을 해줬으면 좋았을 텐데. 아무튼 그날의 인터뷰는 두고두고 회사에서 회자가 되었고 난 용감한 김 간(김 간호사의 애칭)이 되었다. 그 후 그 제품은 김 간의 열정적인 인터뷰 덕분에 성공적으로 론칭을 했고, 지금까지 많은 이들의 사랑을 받고 있다.

환자 인터뷰는 인터뷰할 환자를 구하는 일이 제일 어렵다. 가장 보편적으로 많이 하는 방법은 의사 선생님들께 환자를 추천받는 것이다. 이런 치료약이 나오게 되어 환자 인터뷰를 진행할 것이라 말씀드리고 환자를 추천받은 다음, 환자의 의향을 물어 진행한다. 이것이 가장 흔한 방법이다. 희귀질환이거나 환자 커뮤니티가 활성화된 특정 질환의 경우에는 그 커뮤니티(질환 카페)에 인터뷰 내용과 인터뷰 소요시간, 비용을 공지하여 희망자를 인터뷰한다. 이런 경우는 드물게 커뮤니티의 장이 따로 사례를 요구하기도 한다.

지금도 그 발기부전 치료제 이야기를 들으면 여관 사장님이셨던 그분께서 그 약을 잘 사용하고 계실까 하는 생각이 들고 저절로 웃음을 머금게 된다.

"사장님, 지금 많이 행복하신 거 맞죠?"

 여기서 잠깐

*마케팅 리서치 회사

프로젝트팀은 리서치 전반에 대한 책임을 진다. 팀 내에는 여러 PM(Project Manager, 프로젝트 매니저)이 소속되는데, PM은 주로 프로젝트를 수주받기 위해 제약회사에 제안서를 내고, 제약회사 내 이해 당사자들에게 제안서 PT를 진행한다. 일단 프로젝트의 진행이 확정되면 제약회사가 원하는 조사의 목적을 재확인하고 적절한 조사의 방법을 확정한 다음, 그에 맞는 설문지를 현장팀(Field Team)과 함께 개발한다. 현장업무(Field Work)가 시작되면, PM은 중간에서 현장팀과 제약회사를 모두 조율한다. 현장업무가 모두 끝나면 최종 보고서를 쓰고, 제약회사에 보고서를 최종 브리핑한다.

현장팀은 제약회사가 원하는 목적에 맞게 설문지를 개발하고, 전체 현장업무가 약속된 기간 내에 진행되도록 현장팀 내의 면접원들의 인터뷰 일정을 조율한다. 인터뷰가 모두 마무리되어 설문지가 현장팀으로 들어오면, 품질관리(Quality Control)를 위해 설문지를 검수, 보완하는 작업을 한다. 현장팀 내에는 통계팀과 그래픽팀이 있어 설문지를 분석해서 보고서의 초안이 되는 숫자를 도출해내고, 이를 임팩트있게 보고서 안에 구현한다.

간호사, 딱 3년 만 하라

"원장님, 그게, 저, 그러니까…"

전문 리서치 회사에는 설문지를 만드는 사람이 따로 있고 인터뷰를 진행하는 사람(면접원)이 따로 있다. 당시 우리 회사는 일반인으로 면접원을 채용하는 대부분의 리서치 회사와는 달리 모두를 약사, 간호사들로만 채용했다. 약물에 대해 정확히 아는 전문 인력은 일반인에 비해 인터뷰 비용이 많이 들지만 인터뷰 수준이 달랐고, 실제 받아오는 설문지 내용에서 큰 차이가 있었다. 이는 업계에서 우리 회사의 가치를 인정받는 데 큰 도움이 되었다.

하지만 인터뷰가 많이 진행되는 서울이나 경기지역과 달리 지방에는 인터뷰 숫자가 상대적으로 적었기에 면접원의 숫자를 안정적으로 운영하는 것이 힘들었다. 그래서 본사에서 지방으로 인터뷰를 자주 나갔다. 새벽같이 기차를 타고 내려가 하루에 5~6개씩 인터뷰를 진행하고 서울로 올라오려면 몸은 파김치가 되었지만, 우리가 만든 설문지가 의사로부터 답변을 제대로 얻을 수 있는지 확인하는 좋은 기회도 되었다. 면접원의 고충을 이해하며, 바쁜 의사들에게 효율적으로 답변을 얻을 수 있는 설문지 개발에 아이디어를 얻기도 했다.

그래도 바쁜 의사들과 30~40분씩 인터뷰를 진행하는 일은 상당한 내공이 필요하다. 미리 30분이라고 인터뷰 시간에 대해 안내를 했음에도 15분 만에 끝내 달라는 의사를 종종 만난다. 하는 수 있나? 빨리 끝내도록 노력하겠다고 시작하고 결국엔 물을 거 다 물어보고 끝낸다. 계속 환자가 들이닥칠 때는 인터뷰를 하다가 중간에 나오는 일도 비일비재했다. 어쩔 땐 환자를 6~7명 보고 인터뷰하고 다시 환자를 보고 인터뷰를 이어갔다.

'아는 만큼 보인다'라는 말이 있다. 의사도 마찬가지다. 인터뷰를 진행하는 사람이 설문 내용에 대해 이해한다 싶으면 자세하게 답변하지만 설문 내용에 대한 이해 없이 질문만 줄줄 읊는다 싶으면 의사의 답변도 성의 없게 진행된다. 적당한 선에서 면접 내용에 대한 이해도를 어필하면서 의사의 답변 하나하나를 진정성 있게 듣고 기록하면 어쩔 수 없이 응한 인터뷰에도 대부분의 의사는 우리가 원하는 그 이상의 답변을 술술 내놓는다. 모든 의사의 답변이 다 소중하고 의미가 있다. 교과서나 학회에서 나오는 내용을 넘어 실제 임상에서 어떻게 치료의 가이드라인을 변용하는지, 각 약물의 조합은 어떻게 하는지를 이해하기 위해 상당한 에너지를 써서 인터뷰에 집중한다.

한번은 대구에서 인터뷰를 진행해야 했다. 내과를 개원하고 계신 원장님께 서울에 있는 제약 마케팅 리서치 회사임을 밝히고, 신약에 대한 마케팅 리서치 인터뷰를 진행해도 되겠냐고 여쭈었다. 약속한 날짜가 되어 대구로 내려갔다.

"안녕하세요. 저는 서울에서 원장님 인터뷰하려고 왔습니다. 미리 전화로 약속을 잡았습니다."

"네, 원장님께서 아까부터 기다리고 계십니다."

친절한 간호사의 안내를 받아 원장님 방으로 들어갔다.

아뿔싸, 원장님께서는 머리에 동백기름을 잔뜩 바르고 원색의 멋진 넥

타이를 매고 카메라와 함께 입장할 나를 기다리고 계셨다. 그 원장님께서는 마케팅 리서치, 즉 시장조사 인터뷰라는 것을 처음 해보신 거였다.

"원장님, 그게, 저…… 그러니까….."

난 쥐구멍에라도 숨고 싶었다. 아니 카메라 없이 설문지만 달랑 들고 온 나를 보고 원장님께서 쥐구멍에 들어가고 싶으셨을까? 그날 어떻게 인터뷰를 시작하고 끝마쳤는지 하나도 기억이 나지 않는다. 허둥지둥 인터뷰하고 재빨리 나왔다. 그런데 이런 오해가 서울의 유명 대학병원에 계신 유명 대학교수라고 해서 없는 것도 아니다. 내가 직접 진행한 인터뷰는 아니었고, 우리 회사에서 오래 일을 해주신 약사 면접원이 진행한 인터뷰였다. 소아정신과 쪽에서 유명한 교수님이고, 평소에 마케팅 리서치를 잘 해주지 않는 분이었다. 혹시나 하면서 연락을 드렸는데 그날따라 인터뷰를 해주신다고 단번에 OK 하셔서 평소와 다른 모습에는 놀랐지만 기쁜 마음으로 잽싸게 인터뷰를 하러 가셨단다.

어쩌나? 그 교수님께서도 그날따라 '~~~한 인터뷰'에서 '인터뷰'라는 얘기만 들으신 거였다. 우리는 거짓말은 하지 않는다. 신약에 대한 마케팅 리서치 조사라고 분명히 얘기한다. 그 교수님은 인터뷰 내내 얼굴이 울그락불그락 불편한 심기를 감추지 못하고 인터뷰를 하셨다고 한다.

우리는 가끔 듣고 싶은 말만 듣는다. 분명 저 사람은 A라고 말했는데, 듣는 사람은 A'라고 듣기도 하고, 어떤 사람은 A"로, 어떤 사람은 아예 B라고 듣기도 한다. 이런 경우에 A'라고 알아들은 사람이 잘못일까? 정확하게 A라고 말하지 못한 사람의 잘못일까? 아무튼 그러한 에피소드가 있고 나서, 우리 팀에서는 좀 더 신중하고 정확한 단어를 사용한다.

"선생님, 저희가 하려는 건요, 텔레비전 방송국에서 하는 그런 인터뷰가 아니고요 마케팅 목적으로 하는 설문 조사입니다. 선생님, 시장조사 인터뷰 진행해 주시겠어요?"

파맥스도 자라고, 나도 자라고

약사 다섯 명으로 시작한 파맥스는 내가 입사한 이래 하루가 다르게 몸집을 불려 나갔다. 리서치를 의뢰한 제약회사에 제안서가 나가고, 리서치가 확정된 회사에 설문지 초안(Draft)이 나간다. 인터뷰 타당성을 검토하기 위한 예비 조사(Pilot Interview)가 진행되고, 그 결과에 따라 설문의 방향이 크게 바뀌거나 아니면 소소한 수준으로 설문을 수정했다.

인터뷰를 진행할 전문 면접원들의 교육으로 본격적인 실사(Field Work)가 시작되면, 한쪽에서는 들어온 설문지를 확인해서 통계를 돌리고, 한쪽에서는 그 통계 결과를 바탕으로 보고서를 쓴다. 하드 카피를 출력하느라 프린터는 온종일 일하고 최종 보고서 PT까지 마쳐야 프로젝트가 온전히 종료된다. 한꺼번에 7~8개의 리서치가 돌아갔다. 회사는 거의 독서실 수준이다. 모두 PC에 코를 박고 하루 종일 일에 집중한다. 점심 시간이 되어서야 겨우 동료의 얼굴을 보고 프로젝트 진행상황을 점검할 수 있었다.

리서치 하나를 성공적으로 끝내면 다음 리서치는 자연스레 수주된다. 여기서 성공적이란 말은 제약회사의 PM(Product Manager) 차원에서 대략 짐

작만 하고 있던 시장의 기회요인을 구체적인 숫자로 확인하고, 자사 제품이 치료 알고리즘 속에서 현재 어떻게 포지셔닝하고 있는지, 향후 어떻게 포지셔닝할 것인지에 대한 구체적인 그림을 보았다는 뜻이다. 이제 영업은 필요 없다. 실력이 곧 영업이다. 글로벌 제약회사는 PM에게 많은 재량권을 주기 때문에 예산 안에 있는 프로젝트는 다른 업체와의 경쟁 없이 곧바로 계약으로 이어진다.

한 제품의 리서치가 성공적으로 이루어지면, 그 제품의 라이프사이클에 맞게 일정 간격을 두고 2차, 3차 리서치가 진행된다. 리서치에 기반한 마케팅 활동이 시장에서 어떤 역동을 일으키고, 어떤 기회요인을 만드는지 엿보는 것이다. 의사들의 인식과 제품의 이미지가 어떻게 변화하는지 추이를 살피게 된다.

제약회사는 리서치로 우리 회사의 역량을 평가하고 우리가 제언한 부분을 받아들인다. 파트너십 관계로 이어지며 이제 리서치와 상관없는 다른 종류의 프로젝트 의뢰까지 들어온다. 여러 에이전시와 일하는 것보다 하나의 에이전시에 일을 몰아주는 것이 그들도 편하다. 에이전시에 개별적으로 제품의 자료나 마케팅 전략을 전달하지 않아도 되니 PM 입장에서는 한층 일이 줄어든다. 에이전시는 에이전시대로 한 제품의 라이프사이클에 맞춰 리서치를 지속해서 진행하고 함께 전략을 고민하다 보면, 그 제품에 애정이 간다. 그 제품이 시장에서 점핑하기 위한 다양한 마케팅 활동을 궁리한다. 리서치에서 얻은 인사이트를 기반으로 의사들이 원하는 프로그램을 통일성 있게 기획할 수 있다.

다양한 마케팅 활동을 제안했다. 핵심 오피니언 리더(Key Opinion Leader)를 중심으로 자문단을 구성하고, 그들로부터 질환 치료의 최신 동향을 들었다. 우리 제품의 강점은 실제 임상에서 어떤 강력한 무기로 작동하는지, 회사가 주구장창 외치는 메시지는 어떤 부분에서 마음이 닿는지 구체적인 의견을 듣는다. 제품의 장기, 단기 전략을 점검받는다. 또한 전국의 개원의들에게 제품의 메시지와 강점을 어떻게 효과적으로 전달할지 아이디어를 모아 학술 프로그램을 구상한다. 핵심 오피니언 리더는 학술 프로그램에서 연자가 되고, 참석한 개원의들과의 학술적 교류는 다시 보고서가 되어 마케팅 전략이라는 큰 그림을 그리기 위해 제약회사에 전달되었다. 자문회의, 리서치, 소규모, 대규모 학술행사 등 다양한 프로그램들이 기획되고 운영된다. 한 제품과 함께 몇 년씩 동고동락한다.

본격적으로 회사 내에 프로모션 팀이 구성되었다. 리서치 회사의 강점을 부각하기 위해 팀 이름을 RBP(Research Based Promotion)팀이라 정하고 팀원을 새로 꾸렸다. 일은 점점 더 많아지고, 인력은 점점 더 필요해졌다. 비 약사 출신으로 회사 내에서 잘 적응한 덕분으로 간호사들을 우선하여 채용하였다. 자연스레 프로모션 팀의 팀장이 되었다.

구인광고를 내고 간호사들의 이력서를 기다렸다. 병원 근무에 사무직 경력이 1~2년 있으면 좋겠다 싶었지만, 우리 입맛에 맞는 조건을 가진 사람은 없었다. 병원 근무만 했던 이력서만 쌓였다. 잘 뽑아서 잘 가르치자 싶었다. 간호사들을 채용했다.

그들에게 사무직원의 마인드를 갖게 하는 것이 급선무였다. 주는 업무만 수동적으로 하고, 아이디어 회의에서는 꿔다 놓은 보릿자루처럼 눈치만 본다. 일단은 기본적인 오피스 업무와 리서치 업무를 함께 가르쳤다. 어떤 간호사는 프로젝트마다 매번 새로운 질환과 약물을 배우는 것을 힘들어했고, 어떤 간호사는 면접원 관리를, 어떤 간호사는 인터뷰를 위한 리쿠르팅을 힘들어했다.

의사 인터뷰를 진행하려면 먼저 리쿠르팅을 해야 한다. 타깃 의원이나 병원에 전화를 걸어 우리 회사를 소개하고 인터뷰 취지와 간단한 내용을 설명한 다음, 인터뷰 의사를 타진한다. 과정은 간단하지만 진료로 바쁜 의사들과 직접 통화하기 위해 몇 번씩 진료실 밖의 간호사나 조무사의 냉기 어린 목소리를 감내해야 하고, 진료실 밖의 큰 벽을 넘어 겨우 의사와 통화해도 의사들에게 마케팅 리서치를 설명하는 게 만만하지 않다.

내부 직원이 인터뷰 나가는 경우에만 리쿠르팅을 하는데도 통화 내내 등줄기에 식은땀이 흐르고 얼굴이 간질간질해진다. 인터뷰 대상이 되는 종합병원의 의사 수는 한정되어 있어서 한 명씩 거절 의사를 확인할 때마다 남은 명단을 안타깝게 바라본다. 세상에 어디 쉬운 일이 있겠느냐마는 병원에서 꽃처럼 불리던 간호사 선생님은 이제 일반인이 되어 전화로 사정사정해야 하는 상황이 영 불편하다. 그 한고비를 넘기면 일에 대한 애정과 자부심으로 눈빛이 더욱 빛이 나고, 그 한고비를 넘지 못하면 퇴사를 고민한다.

지금이야 님이라는 호칭으로 부르는 회사들이 많이 늘었지만 당시에는 부장, 과장이라는 호칭이 일반적이어서 PM, FM으로 직무를 나누고, J약사님, L약사님, K간호사님이라 부르는 게 영 어색했다. 하지만 수직적 관계가 아닌 평등 관계 속에서 서로를 전문가로 존중해 주는 회사의 문화는 김 간(호사)이 쑥쑥 자라는 데 좋은 자양분이 되었다. 파맥스도 자라고 김 간도 자라고, 하루가 다르게 파맥스는 커나갔으며 김 간도 리서치 전문가에서 마케팅 전문가로의 역량이 점점 커가고 있었다.

진로 탐험 4.

임상연구 전문가
제약회사 / CRM(Clinical Research Manager)

Q. 지금 근무하시는 회사를 소개해 주세요.

A. 국내 메이저 제약회사에서 시판 후 임상연구를 담당하는 부서의 팀장으로 근무합니다. 대부분 임상시험이라고 하면 허가용 임상시험(Phase 1~3)만 생각하는데, 시판 이후에도 제품의 안전성을 확보하기 위해 또는 실제 임상 진료 상황에서의 유효성을 확인하거나 제품의 학술적 가치를 올리기 위해 다양한 임상연구를 진행합니다.

Q. CRM의 업무를 자세히 설명해 주세요.

A. 임상연구와 관련하여 여러 직종이 있습니다. CRM(Clinical Research Manager)은 임상연구 전문가, PM(Project Manager)은 임상연구 프로젝트 관리자, CRA(Clinical Research Associate)는 임상연구 담당자입니다. 임상연구 분야에 들어오면 보통 CRA로서 처음 일을 시작하게 되는데, 적어도 8년 이상의 CRA 경력이 있고 전반적인 업무 역량이 갖춰졌을 때 PM, CRM이 된다고 보시면 됩니다. CRA는 임상연구 준비, 진행, 종료단계에서 PM 또는 CRM의 교육 및 관리를 받으며 연구자가 임상연구 계획서에 따라 올바르게 임상연구를 수행하는지 교육 및 모니터링하는 역할을 합니다.

Q. 같은 임상연구 일을 하더라도 하는 업무가 조금씩 다르군요. 그렇다면 소속되는 곳은 어떻게 다른가요?

A. CRA는 임상연구를 후원하는 스폰서(제약회사)의 입장에서 임상연구 계획서에 따라 연구가 올바르게 수행될 수 있도록 교육과 모니터링을 하는 역할을 합니다. 제약회사에 소속되어 일하거나 CRO(Clinical Research Organization; 임상연구수탁회사)에 소속되어 근무합니다. CRC(Clinical Research Coordinator)는 임상연구기관(병원)에서 연구를 올바르게 수행하도록 연구자를 돕는 역할을 담당합니다. CRC의 경우에는 병원에 소속되어 근무합니다.

Q. 간호대학을 다닐 때 임상연구 쪽으로 관심이 있으셨나요? 어떤 계기로 CRA가 되셨나요?

A. 제가 95학번인데 당시에는 임상연구에 대한 정보가 전혀 없어서 이러한 직종에 대해 알지 못했습니다. 대부분의 간호학과 졸업생처럼 대학병원에서 2년 정도 근무하다가 퇴사했는데, 우연히 CRO 소속의 CRC 채용공고를 보고 지원하게 되었습니다. 처음에는 CRC로 근무했는데, 다음해부터 CRA로 역할이 바뀌었고 그때부터 현재까지 CRO를 거쳐 제약회사에 근무하고 있습니다. CRA, PM을 거쳐서 CRM으로 근무하는 거죠.

벌써 임상연구 분야 경력만 17년이나 되었네요. 현재는 연구의 품질(Quality)과 독립성을 유지하기 위해 CRO 소속 CRC가 없지만, 당시에는 초창기였기 때문에 잠시 CRO 소속 CRC가 있었습니다. 당시에는 제약회사에서 임상연구를 주로 진행하였기 때문에 약사 출신들이 많았고, 일부 간호사 출신들이 있었습니다.

Q. 일에 대해 보람을 느낄 때는 어떨 때인가요?

A. 임상연구 전략 및 연구계획서 작성부터 연구결과 보고서까지 전 과정을 마치고 기대했던 결과가 나왔을 때 가장 큰 보람을 느낍니다. 또한 해당 연구와 관련하여 논문이 출판되고 관련 분야에서 잘 활용하는 모습을 보았을 때입니다.

Q. 일을 하면서 힘든 부분은 어떤 부분인가요?

A. 임상연구는 다양한 이해관계자들의 협업이 아주 중요한데 협업이 잘 이루어지지 않을 때는 어려움이 있습니다.

Q. CRA가 되기 위해서 어떤 준비를 하면 좋을까요? 어떤 경험이나 전문 지식이 필요한가요?

A. 저의 경우는 간호학과를 졸업하고 병원 근무와 CRA 근무를 한 이후에 대학원에서 임상 약학 석사과정을 마쳤습니다.

Q. 외국계 CRO 회사에서는 꼭 필요한 능력이라 생각됩니다. 영어에 대한 준비는 어떻게 하면 좋을까요?

A. CRA, PM, CRM으로 근무하는 모든 사람이 영어가 능숙한 것은 아

니지만 영어를 잘하면 기회가 많습니다. 기회가 된다면 영어권 나라에서 공부하는 것도 좋다고 생각합니다.

Q. CRA가 되고 싶은 간호학생들에게 조언을 해주신다면요?

A. CRA로 근무하고 있는 선배와 상담해서 본인의 적성에 맞는지 충분히 고민해 보길 바랍니다. 실무를 하지 않더라도 들어볼 수 있는 오픈 교육들이 많이 있으니 활용해 보는 것도 추천합니다.

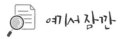 예서 잠깐

＊신약의 개발
오리지널 제품이라 불리는 신약은 신약 후보 물질 발굴에서 임상 3상까지 개발
기간만 짧게는 10년에서 길게는 30년이 걸리며, 개발 자금에 수천억 원에서 수
조 원까지 들어간다. 신약 후보 물질이 5,000개에서 10,000개가 있다면, 동물
실험을 거쳐 임상 1상과 2상, 3상까지 진행하여 FDA 승인을 얻어 시장에 출시
되는 제품은 하나가 될까말까이다. 성공 가능성을 따지자면 1%도 되지 않는다.
하지만 신약으로 승인만 받으면 이제 세계가 제품 판매의 장이 된다. 제품은 날
개를 달고 전 세계를 장악한다. 4차산업혁명 새로운 먹거리로 제약, 바이오산업
이 주목받는 이유다.

＊신약의 임상시험과 허가 과정
임상시험(Clinical Trial/Study)이란 임상시험용 의약품의 안전성과 유효성을 증명
할 목적으로 해당 약물의 임상적 효과를 확인하고 이상반응을 조사하기 위하여
사람을 대상으로 실시하는 시험 또는 연구를 말한다. 임상시험 의뢰자는 임상시험
계획서를 작성하여 식품의약품안전처(식약처)와 실시기관 내 임상시험 심사위원
회(IRB)에 승인신청을 한다. 식약처와 실시기관 내 임상시험 심사위원회(IRB)에서
는 임상시험 계획서를 세밀히 검토한 후 승인 여부를 결정한다. 임상시험 의뢰자
는 시험책임자에게 임상시험 실시를 요청하고, 시험책임자는 피험자에게 임상시
험에 대해 충분히 설명한 후 동의서를 받고, 임상시험을 진행한다.
식약처는 신약의 임상시험 및 비 임상시험 자료, 안정성 시험 자료를 통해 해당 제
품이 환자에게 안전하고 유효하게 작용할 수 있는지 평가한다. 그 외에도 품질 특
성 및 시험 자료 그리고 GMP(Good Manufacturing Practice) 심사 자료 등을 평
가하여 제품의 제조과정과 품질관리과정이 적절한지 판단한 다음, 현지 실태조사
를 하여 국내 판매에 대한 허가를 결정한다.

사람은 성장하고 있거나 썩어가고 있거나 둘 중 하나이다.
중간은 없다.
가만히 서 있다면 썩어가고 있는 것이다.

앨런 아킨

제약회사에서는
어떤 일을 하는가?

제약회사의 리서치 부서에서 하는 일

글로벌 회사는 많은 이들이 근무하고 싶은 꿈의 직장이다. 연봉도 동종 업계에서 최고 수준을 자랑하고, 사원 복지나 근무 환경도 최고다. 하지만, 그 무엇보다 최고의 조건은 담당자의 업무 재량권이 확실해서 한마디로 일할 맛이 난다. 물론 겉에서 보이는 화려한 면에만 이끌려 입사를 한다면 곧 업무 스트레스에 KO 당할 수도 있다. 회사 내 직원들끼리 경쟁도 치열하고, 업무 강도도 꽤나 센 편이다.

글로벌 회사의 담당자를 한번 만나려면 그 절차가 꽤나 복잡하다. 굳게 닫혀 있는 회사의 유리문 옆에는 조그만 인터폰이 있어서, 인터폰을 통해 안내 데스크를 지키는 직원에게 방문의 목적을 알려야 한다. 직원에게 신분증을 제시하거나 연락처를 남기는 일은 당연히 거쳐야 할 절차다. 담당자가 호출되고 예약된 미팅 룸으로 안내된다.

어느 날 글로벌 커뮤니케이션 회사에 근무하다 글로벌 제약회사의 리서치 부서로 자리를 옮겼다. 요즘 많이들 하는 말로 을에서 갑으로 신분이 상승했다. 이제 저 유리문 안쪽의 사람이 된 것이다. 하지만 하루아침에 갑이 되었다고 해서 갑질을 할 수가 없다. 의사 한 명을 인터뷰하기 위해 수십 명의 의사와 만나야 하는 그들의 수고를 알고, 의사 한 명을 인터뷰하는 동안 한 문제 한 문제 답변을 받아내는 일이 얼마나 가슴 졸이는 일인가를 그 누구보다 잘 알기 때문이다. 우리 회사의 조사를 잘 진행해 달라고, 조사 일정을 꼭 맞춰 달라고 거듭 부탁하고 협조를 구할 뿐이다.

제약회사 리서치 부서에는 많은 인원이 근무하지 않는다. 2~3명의 인력이 회사 내 모든 제품에 대한 1차 조사(Primary Research)와 회사 전체의 2차 조사(Secondary Research)를 담당하는데, 이는 외부 자원을 많이 활용하기 때문에 가능한 일이다. 보통 1차 조사는 헬스케어 전문 리서치 회사나 리서치 전문 회사의 헬스케어 파트에 의뢰하고, 2차 조사는 2차 데이터를 전문적으로 가공하여 제약회사에 제공하는 회사에 연간 비용을 지불하고 완성된 리포트를 받는다.

1차 조사에는 신약 론칭 전부터 론칭 후까지 일정 기간, 계속 진행되는 신약 관련한 조사와 기존 제품에 새로운 시장 수요(Market Needs)가 생겨서 1회성으로 하는 조사 모두가 포함된다. 1차 조사는 조사 개요를 구성한 다음 각 리서치 회사들에 전달하여 견적과 제안서를 함께 받아 비교한다. 보통 3~4군데 업체와 연락하게 되고, 합당한 조사 방법과 가격을 제시한 업체를 선정한다.

1차 조사 중에 재미있는 조사가 있다. 회사 이미지 조사(Company Image Study)라고, 우리 회사가 의사들에게 어떤 이미지로 자리매김하고 있는가를 연간 1회, 해마다 비슷한 시기에 진행하는 조사다. 조사 규모가 크고 비용이 많이 들기 때문에 보통은 제약 업계에서 Top 5에는 들어야 조사를 진행한다. 업계 내에서 우리 회사가 어떤 이미지를 가졌는지, 회사 내에서는 어떤 사업 부문(Business Unit)과 제품이 우리 회사의 간판 이미지로 의사들에게 인식되고 있는지, 경쟁사와 비교하여 영업 사원들의 자질이나 능력은 어떻게 평가받는지, 회사의 사회 공헌 프로그램에 대한 평가는 어떤지, 한꺼번에 볼 수 있는 조사다. 그리고 해마다 조사를 진행하기 때문에 회사에서 원하는 이미지를 계속 이어가고 있는지, 영업 사원의 교육을 통해 그들의 자질은 높아지고 있는지도 볼 수 있다.

2차 조사에는 제약회사들이 가장 많이 구매하는 매출(Sales) 데이터와 영업력 평가(Sales Force Effectiveness) 데이터가 있다. 매출 데이터는 자사의 제품이 현재 어느 전공과목, 어느 지역에서 얼마나 팔리고 있는지 대략적으로 예상된 매출액을 경쟁사 제품들과 비교하여 볼 수 있다. 영업력 평가 데이터는 영업 사원의 영업 활동에 대한 평가 자료이다. 의사들이 필드에서 여러 제약회사의 영업 사원들을 만나게 되는데, 이때 어떤 영업 사원의 어떤 영업 활동들이 실제 제품 선택에 효과적인 활동이라고 기억하는지를 평가받는 내용으로 구성되어 있다. 다만 전공과목에 다시 지역으로 세분화하여 들어가면 워낙 샘플 수가 적어 분기별 추이를 보는 것에 의미를 두어 수치를 분석해야 한다. 하지만 두 자료 모두 직접적인 영업 실적과 간접적인 영업의 질 평가에 크게 기여하기 때문에 제약회사의 모든 직원이 눈과 귀를 활짝 열고 보는 자료다. 분기별, 월별로 리포트를 받아 우리 회사 제품의 연간 추이를 확인하고, 다른 경쟁사 제품과 비교 분석하여 내부 직원들에게 그 내용을 공유한다.

리서치를 전문 에이전시에 의뢰하고 에이전시를 선정하는 일, 에이전시에서 최종 보고서를 받아 검토하는 일, 2차 조사 보고서를 받아 시장에 대한 통찰력(Insight)을 바탕으로 내부 직원과 공유하는 일, 제약회사 리서치 부서의 직원들이 주로 하는 일이다.

만약 당신이 수치 하나 하나를 꼼꼼히 보고 데이터를 분석하는 일에 재능이 있다면, 근거 중심 의학에 관심이 많고 분석한 데이터를 통해 통찰력을 얻는 일에 희열을 느낀다면, 제약 리서처(Pharmaceutical Researcher)는 당신에게 보람과 기쁨을 줄 분야이다. 충분히 도전해 볼 가치가 있는 재미있는 일이다.

그럼 제약회사 리서치 부서는 어떻게 사람을 뽑는가? 리서치 부서에 결원이 생기는 경우 전사 공지로 특히나 마케팅이나 영업부서에서 부서 이동 희망자를 받기도 하지만, 주로는 외부의 경력자를 곧바로 데려오는 경우가 많다. 일반 리서치 경험보다는 의학전문 리서치 경험자를 선호하는데 나도 그런 경우이다. 대형 리서치 회사의 헬스케어 파트에서 경력을 쌓거나 의학전문 리서치 회사에서 경력을 쌓았다면 제약회사 리서치 부서로 스카우트되기 좋은 케이스이다. 요즘은 대학에서 마케팅 리서치 수업을 들을 수도 있고, 방학 때나 학기 중에 리서치에 관심 있는 사람들을 모아 단기 과정을 열기도 한다. 아무튼 리서치에 관심이 있다면 학교에 다니면서 전문 교육을 받아보거나 인턴 근무를 해볼 것을 추천한다.

 예서 잠깐

* 마케팅 리서치(Marketing Research)

마케팅 리서치에는 1차 조사(Primary Research)와 2차 조사(Secondary Research)가 있다.

• 1차 조사는 전문의약품의 최종 선택자인 의사들에게 직접 처방에 관한 의견을 듣는 조사이다. 1차 조사는 다시 정량 조사(Quantitative Study)와 정성 조사(Qualitative study)로 나뉜다. 정량 조사(수량적 접근법)는 표본(n) 수가 일정 규모 이상 되는 조사로, 주로 면대면(Face To Face Interview)의 1:1 조사를 많이 진행한다. 보통 통계적 유의성을 갖기 위해 최소 20~30명*의 의사들과 면대면 인터뷰를 하고 그 내용을 바탕으로 보고서를 쓰게 된다.

반면 정성 조사(질적 접근법)는 표본(n) 수가 일정 규모가 안 되는 조사를 포함한다. 예를 들면 희귀 질환의 경우 그 질환의 치료에 종사하는 의사의 표본(n) 수가 너무 적어서, 소수 의사를 대상으로 심층 인터뷰(Depth Interview)를 진행하게 된다. 또는 주요 병원 의사들의 처방이 전체 처방에서 큰 비중을 차지하는 경우, 그 주요 의사들을 6~8명 정도 모아 이슈에 대해 집중적으로 물어보는 핵심그룹인터뷰(Focus Group Interview, Round Table Discussion)를 진행하는 것이 정성 조사에 포함된다. 인터뷰의 수보다는 인터뷰의 질에 더 비중을 둔다고 보면 이해가 쉬울 것이다. 시장의 가능성만 보기 위해 혹은 예산 때문에 정성 조사로 정량 조사를 대체하기도 한다.

*보통 통계에서 유의성을 가지려면 표본(n)수가 최소 30은 되는 것이 좋다. 하

지만 전체 샘플 수가 한정되어 있고 비교적 동질의 특성을 많이 가지고 있는 의사 집단의 경우, 질환에 따라 20명 정도의 의사로 인터뷰를 진행하여 통계적 유의성을 찾기도 한다.

- 2차 조사(Secondary Research)는 1차 데이터를 가공해서 나온 2차 결과물이다. 여기에는 크게 매출(Sales) 데이터와 영업력 평가(SFE, Sales Force Effectiveness) 데이터가 있는데, 제약회사에서는 대부분 두 자료 모두를 구매한다. 매출(Sales) 데이터에는 IQVIA 데이터, UBist 데이터, EDI 데이터가 있고, 영업력 평가(SFE) 데이터에는 CSD Korea에서 나오는 데이터가 있다.*

＊IQVIA 데이터: 글로벌 컨설팅 시장조사 업체인 아이큐비아 한국 지사에서 제공하는 매출 데이터다. 병원, 의원, 약국, 도매업체 등을 패널로 두고, 패널이 의약품 공급업체로부터 받는 사입 자료를 토대로 전체 제약 시장의 매출을 예측한다. 제약사들이 가장 많이 활용하는 자료이다.

＊UBist 데이터: 유비케어의 약국경영프로그램을 사용하는 약국 패널을 통해 처방 조제 데이터를 가공한 데이터이다. 병원과 의원에서 얼마나 병용 처방을 하는지를 볼 수 있다. IQVIA 데이터를 보완해주는 측면이 있지만, 비급여 의약품과 일반의약품에 대한 데이터는 수집 불가한 단점이 있다.

＊EDI 데이터: 병의원에서 의사가 처방하고, 건강보험심사평가원에서 제공한 보험청구액을 가공한 자료이다. 실제 청구액이기 때문에 가장 신뢰할 만한 자료이나 도매 마진율이 함께 들어있어 실제 매출액보다는 높게 잡히는 특징이 있다.

＊CSD 데이터: 영업사원들의 방문 횟수와 방문의 질을 계량화한 영업활동에 대한 보고서이다. 제약회사에서 시행하고 있는 여러 프로모션, 즉 심포지움이나 소규모 세미나 등에 대해 의사들이 어느 정도나 인식하는지를 확인할 수 있다. 비교적 적은 데이터로 전체 제약 시장을 예측하기 때문에 많은 오차가 있지만, 딱히 영업사원의 영업활동을 주기적으로 파악할 수 있는 보고서가 적어 이 데이터를 활용하고 있다. CSD Korea는 2017년 IQVIA에 합병되었다.

PM은 무엇이고, BM은 어디에 쓰는 물건인가요?

제약회사에서 전문 의약품, 일반 의약품을 담당하는 마케팅 책임자를 PM^(Product Manager)이라고 부른다. 제품의 매출 수준에 따라 PM은 1명이 될 수도, 2~3명이 될 수도 있다. BM^(Brand Manager)은 여러 명의 PM을 통솔하는, 제품의 상급 마케터라고 보면 된다. BM은 전체 마케팅 전략을 세우고 종합병원과 개인의원으로 나누어 마케팅 전략을 세분한 다음, 마케팅 활동을 원활히 진행하도록 각각의 PM에게 업무를 나누어 주고, 전체 업무를 관장한다고 보면 된다. BM까지 있는 제품은 매출이 일정 규모 이상으로 누구나 들으면 알 만한 제약회사의 간판 제품이다.

제약 마케팅은 일반 마케터들에게도 쉽게 건너갈 수 없는 미지의 분야다. 자신의 제품이 어떤 질환의 치료제인지에 따라 해당 질환에 대해서도 알아야 하고, 제품이 어떤 기전으로 약효를 나타내는지 약제의 기전에 대해서도 알아야 한다. 그 제품이 전문 의약품이라면 주 고객층인 의사들을 상대해야 하는데 그것도 영 부담스러운 일이다. 또한 일반 소비재와 달리 전문 의약품은 마케팅에 여러 제한과 한계를 갖는다. 예를 들면 제품의 메시지를 직접 환자들에게 전달하면 안 되고, 의사들에게 전달할 때는 메시지의 의학적 근거를 매번 알려야 하는 식이다.

그렇지 않으면 과장이나 허위 광고로 인해 그 폐해를 고스란히 환자가 입게 되므로 당연한 조치라 볼 수 있지만, 마케터로서는 손발이 다 묶여서 정작 할 수 있는 마케팅 활동이 없다고 불평하기도 한다. 하지만 글로벌 제약회사의 PM 정도면 연봉도 높고 회사 내에서의 입지와 권한이 상당하다. 수백억 전문 의약품을 파는 PM이 한 해에 쓰는 마케팅 비용만 해도 엄청나다. 잘 나가는 PM들은 인센티브도 잘 받고, 다른 제약회사로 스카우트도 잘 된다. 엄격하게는 동종 계열로 이직하는 것이 법률상의 문제가 있지만 용케도 자기 자리를 잘 찾아간다.

그럼 제약회사에서는 어떤 사람을 PM으로 뽑는가? 예전에는 PM이면 PM, 영업사원이면 영업사원을 각각 따로 뽑는 경우가 많았지만, 어느 순간 영업 쪽에서 경험을 쌓고 마케팅으로 넘어오는 경우를 더 선호하는 분위기가 생겼다. 실제 영업 현장을 아는 것이 마케팅에 도움이 되기 때문에 탁상공론식 마케팅 전략 수립을 막고자 잘 나가는 영업사원 중에서 PM을 발탁하기도 한다. 어떤 회사는 모든 신입 사원을 일정 기간 영업 쪽에서 근무한 후에 희망 부서로 이동하게 한다. 이런 경우가 오랜 기간 계속되는 것을 보면 효과를 회사 내에서 인정하는 듯하다.

PM의 궁극적인 업무는 자신이 맡은 제품의 매출을 늘리는 것이다. 그러기 위해서 시장의 특성을 파악하고 해당 제품이 시장에서 성공할 수 있도록 마케팅 전략을 수립해야 한다. 물론 제대로 된 전략은 마케팅 리서치를 통해 나온다. 일단 마케팅 전략이 수립되면 그에 맞는 전술을 세우고 분기별, 월별 세부 활동 계획을 세워 다양한 마케팅 활동을 벌인다. 각종 영업이나 마케팅 활동을 주도하고 핵심 코디네이터 역할을 담당한다.

신제품 PM의 경우 해당 신제품이 국내 허가를 받기 1~2년 전에 미리 채용되어서 활동을 시작한다. 신제품 발매에 대한 전체적인 론칭 계획을 세우고 제품의 허가 및 약가 심사, 보험 가이드라인 확정 과정에서 해당 분야 실무자의 도움을 받아 성공적인 론칭을 준비한다.

"우리들은 반복되는 것만을 기억한다. 반복적으로 접하면 신뢰와 연결된다. 익숙한 것은 정상적인 것이 되고, 정상적인 것은 믿을 만한 것이 된다."

『This is Marketing』에서 세스 고딘이 말한 내용이다. 이 말은 PM이 하는 일을 가장 쉽게, 그리고 가장 정확하게 설명해 준다. PM은 자신의 제품이 의사들에게 믿을 만한 제품으로 인식되기 위해, 반복적으로 제품의 키 메시지를 소구한다.

PM의 첫 번째 고객은 주요 대학 병원의 교수이면서, 학계에서 큰 영향력을 끼치는, 핵심 오피니언 리더(Key Opinion Leader)들이다. PM은 핵심 오피니언 리더와 자문 회의(Advisory Board Meeting)를 통해 자사 제품의 키 메시지를 만드는 과정을 밟는다. 이미 글로벌에서 만들어져 내려온 키 메시지가 있다면 자문 회의에서 한국형 메시지로 수정하고 조율한다. 다시 핵심 오피니언 리더는 국내 주요 학술 행사에서 연자(Speaker)가 되어, 실제 제품을 처방하게 되는 다른 대학병원의 스텝, 중소병원 스텝이나 일반 개원의들에게 제품의 키 메시지를 계단식으로 전달한다. 이들이 PM의 두 번째 고객이다. 이들은 학술 행사 이후에도 제품의 키 메시지를 브로슈어나 리플릿 등을 통해 지속해서 전달받는다. 전달된 메시지는 의사들이 제품 처방에 의학적 근거가 되어 믿을 만한 제품으로 인식되고, 환자들에게 기꺼이 처방하게 된다.

PM의 세 번째 고객은 내부 영업사원이다. 회사에 따라 한 영업사원이 회사의 제품을 2개 이상 맡게 되는 경우가 흔하다. PM 입장에서는 나의 제품을 우선 팔아주길 바라지만 영업사원은 쉽게 팔리는 제품, 기존에 영업망을 확보하고 있는 제품을 우선 팔게 된다. 영업사원의 활동이 제품의 매출과 직결되기 때문에 PM은 영업사원과 소통해야 한다. 자신의 제품을 잘 팔도록 다양한 판촉 프로그램(Promotion Program)을 기획하고, 매력적인 세부 기술(Detailing Tool)을 그들의 손에 쥐어준다. 제품의 키 메시지를 영업사원들이 제대로 이해하도록 교육의 기회를 확대한다. 물론 제품을 하나만 파는 경우라도 마찬가지다.

PM은 치료 약물을 둘러싼 제약 환경, 즉 제약 시장을 잘 이해해야 한다. 치료 약물과 질환에 대한 이해뿐 아니라 환자와 의사에 대한 이해가 필요하다. 간호사들이 잘 알고 있는 분야다. 기본적으로 간호사들은 약이 어떻게 처방되고 환자에게 어떤 방식으로 투약되는지 그 시스템을 잘 알고 있고, 질환과 치료 약제에 대한 광범위한 이해가 있다. 간호사는 PM이 갖추어야 할 기본 소양을 이미 갖추고 있다. 다양한 사람을 만나 설득하는 것에 자신이 있다면, 새로운 도전을 즐기는 스타일이라면, 구체적인 결과물을 만들고 남들과 다른 성과를 내고 싶다면, 도전하라. PM은 충분히 매력적인 직업이다.

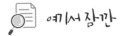

＊제약회사의 조직

제약회사의 조직은 크게 생산 부서, 영업ㆍ마케팅 부서, 관리 부서로 나눌 수 있다.
조금 더 세분화해서 보면, 생산 부서는 생산과 품질관리(QC)로 나뉘고, 영업ㆍ마
케팅 부서는 영업, 마케팅, 메디컬, 사업개발(BD, Business Development) 부서로
나뉜다. 리서치 부서는 BD 부서에 속해 영업ㆍ마케팅 부서를 지원한다.

제약회사에 다니는 사람들

　제약회사에 들어가니 세상 똑똑한 사람들은 여기 다 모였구나 싶었다.
회의 때 다른 사람들의 의견은 듣는 둥 마는 둥 자신의 노트북에만 코를
빠뜨리고 있다가 자신의 이해관계에 얽힌 문제가 나오면 득달같이 달려
들어 자신의 주장을 펼치는 사람들, 이전 회사에서의 경험을 과시하며
말끝마다 영어를 달고 사는 사람들, 자신이 맡고 있는 제품에만 온 신경
을 집중하고, 주위 사람들이나 주위에서 일어나는 일에 대해서는 1도 관
심이 없는 사람들, 처음에는 무척 신기하고 생경했다.

　반면 업무에 대한 열정과 책임감은 그 누구보다 강했다. 설령 와서는
딴 짓을 하더라도 다 함께 모이는 회의 시간은 칼같이 지켰고, 서로가 합
의한 업무 분장에 대해서는 더할 수 없이 정확했다. 매 순간 자신이 가진
전문성을 어필하는 데 꽤나 유능하고, 자신의 의견을 표현하는 데 거침
이 없으면서 더없이 젠틀했다. 성공하는 사람들은 저렇게 자신을 포장하
고 주위 사람을 저렇게 활용하는구나 알게 되었다.

　N제약사에서 근무할 때의 일이다. 약학을 전공하고 M제약사에서

PM$^{(Product\ Manager)}$으로 근무하던 Y는 한 신약의 론칭 즈음에 맞춰 BM$^{(Brand}$ $^{Manager)}$으로 입사했다. Y는 입사하자마자 신약 론칭 준비로 몹시 분주했다. 식품의약처에 제품의 판매 허가를 신청하고, 허가를 받은 다음에는 보험심사평가원에 약제 요양급여를 신청했다. 즉 신약이 보험적용을 받을 수 있는지를 판정받게 된다. 우리나라처럼 국민 의료보험이 실시되는 국가에서는 의약품이 보험이 적용되느냐 석용되지 않느냐에 따라 시장에서의 성공 여부가 달라진다. 제품의 사활이 걸린 절체절명의 순간이기에 보험 심사에 목숨을 건다. 그러고 나서는 성공적인 시장 진입을 위한 마케팅 전략을 세우고, 관련 전공의사와 네트워크를 형성하며 영업사원 교육까지 담당해야 한다. 24시간을 48시간처럼 쓰며 일한다.

신제품의 PM을 맡는다는 것은 엄청난 기회다. 신제품을 맡고 싶어 하는 모든 PM에게 신제품을 맡길 수는 없다. 회사로서도 사활이 걸린 문제라 PM으로서 능력을 인정받은 소수의 사람에게만 기회가 주어진다. 제대로 본인의 역량을 펼칠 기회를 얻는 것이다. 신제품이 성공하면 본인도 승승장구하고 신제품이 실패하면 본인도 나락으로 떨어질 수 있다. 론칭 성패에 따라 커리어는 점핑할 수도, 급전직하 떨어질 수도 있다. 물론 글로벌 본사와 커뮤니케이션을 원활히 진행하고, 국내 상황을 모두 한 손에 놓고 진두지휘할 수 있는 배포 그리고 시장에서의 운도 따라 주어야 한다.

어쨌거나 신약 론칭을 성공적으로 수행한 Y는 이후 N사의 본사가 있는 스위스에 가서 2년을 근무하게 되었다. 이후 한국으로 돌아와 한 사업

간호사, 딱 3년만 하라

부를 총괄하는 업무를 맡았고, 다시 몇 년 후에는 다른 글로벌 제약사의 한국법인으로 이직하여 그 회사의 대표가 되었다. Y는 누구보다 열심히 일했고, 소탈했고, 투명했다.

　제약회사의 꽃은 영업사원이다. 영업사원은 의료정보 담당자라는 의미에서 MR(Medical Representative)이라 불리는데, 의료 종사자인 의사, 간호사, 약사 등을 방문하여 자사 제품에 관한 정보를 제공하거나 수집하는 일을 한다. 지금은 모든 제약회사가 회사 내부에 영업사원을 보유하지는 않는다. 어떤 회사는 마케팅만 자사가 담당하고, 영업력을 갖추고 있는 국내 회사에 영업을 맡기기도 한다. 어떤 회사는 도매상이나 CSO라고 불리는 영업 맨들을 운영, 관리하는 회사에게 영업만 위탁하기도 한다. 이런 경우에는 한 명의 영업사원이 다양한 회사의 제품을 동시에 판매하게 된다.

　한때 제약회사에서 영업사원을 한다는 것은 의사들의 갑질에 끝도 없이 추락하는 을의 모습을 감내할 수 있어야 했다. 하지만 오랜 기간 정부의 엄격한 규제, 제약회사 스스로의 자정 노력, 의식 있는 의사들의 노력이 근거중심의학(Evidence Based Medicine)이라는 시대적 흐름과 만났고, 업계는 학술적인 정보를 제공하는 영업사원을 필요로 하게 되었다. 스마트하고 세련된 영업 기술로 무장한 제약회사의 영업사원들은 훈련된 전문 직업인으로 인정받게 되었고, 특히나 글로벌 제약사의 영업사원들은 취준생들이 부러워하는 억대 연봉자 명단에 당당히 이름을 올리게 되었다.

　제약 영업은 간호학 전공자에게 매력적인 분야다. 제약 마케팅을 제대로 하고 싶다면 영업에서부터 기본을 다지는 것이 좋다. 영업을 모르고 마케팅을 논할 수는 없다. 물론 간호학 전공자뿐 아니라 일반 전공자들에게도 제약 영업은 충분히 도전해볼 만한 영역이다. 화학이나 생물학 전공자 최근에는 생명과학 전공자들이 대거 몰려들고 있다. 영업은 산업의 가장 기본이며 바탕이다. 영업을 이해한다면 시장을 제대로 들여다보는 눈을 키운 것이다. 바닥을 모르면서 기둥을 세우고 지붕을 얹을 수는 없다. 일단 필드에서 의사와의 관계 맺기에 성공한다면 이미 절반은 성공한 셈이다.

'나는 태어나서 영업을 한 번도 해본 적이 없어'라고 미리부터 걱정할 필요는 없다. 제약회사에서는 기본적인 의학용어부터 각종 질환에 대한 이해까지 기본의 기본부터 교육을 시행한다. 여기에 영업사원의 직무능력 향상을 위한 커뮤니케이션 교육, 세일즈 스킬 교육을 지속해서 실시하고, 상급 영업사원과의 멘토링으로 좀 더 밀착하여 관리한다.

혹시 아는가? 그대가 몰랐던 그대 안의 보석을 발견하게 될지. 그리고 그대의 끼를 펼칠 수 있는 드넓은 세상을 만나게 될지.

신약의 믿음직한 친구
의료기 회사 / Market Access Specialist

Q. 지금 다니는 회사는 어떤 회사인가요?

A. 저는 다국적 의료기기 회사에서 시장진입(MA, Market Access)팀 소속으로 근무하고 있습니다. 우리나라는 모든 국민을 대상으로 의료보험 혜택을 제공하고 있는 단일 보험자 국가입니다. 병원에 가서 치료를 받는 경우 치료비의 일부 비용은 환자가, 남은 비용은 국가가 지급합니다. 이 과정에서 정부는 여러 요소를 고려하여 병원에서 사용하는 대부분의 의약품, 재료비, 인력 등의 비용(일부 제외)의 임상적 가치를 매깁니다. 제가 하는 업무는 열심히 개발한 회사의 제품이 그 가치를 높게 인정받아 임상 현장에서 빠르게, 어려움 없이 사용되도록 하는 업무입니다.

Q. 귀하의 회사 제품이 가치를 높게 인정받도록 한다고 하셨는데요, 조금 더 자세히 설명해 주세요.

A. 시장진입(MA, Market Access)팀은 말 그대로 시장 진입을 위한 업무를 수행합니다. 약제 및 치료 재료가 시장에 원활하게 진입하기 위해서 우리 제품의 비용 대비 효과를 분석하고, 보험 등재 및 가격 협상을 잘하기 위한 일련의 업무를 합니다. 그 외에 회사 내의 다른 부서와의 협업을 위해

사내 관련 교육도 합니다.

Q. 제약회사이든, 의료기 회사든 모두 자사의 제품이 높은 가치를 가지고 있다고 얘기할 텐데요, 그런 회사의 말만 믿고 의료보험공단에서 그 가치를 모두 인정해 줄 리는 없을 것 같네요. 여기에 특별한 업무 노하우가 있는지요?

A. 제품의 가치를 말로 설명할 수는 없습니다. 명확한 자료로 이야기해야 합니다. 해당 제품으로 시험한 임상 자료를 통해 제품의 효과 및 안전성에 대한 근거를 제시하고, 이 제품이 환자들에게 사용되었을 경우 기존 제품 또는 기존 치료법 대비 비용이 적게 들고, 더 효과적임을 입증하는 비용, 효과 분석 자료를 제출합니다.

Q. 어떤 계기로 지금의 일을 하게 되셨나요?

A. 간호대학 졸업 후 내과 중환자실에서 근무하였고, 그 경험을 살려 제약 업계에서 교육 및 마케팅 관련 업무를 해왔습니다. 그러던 중 현재 업무에 대한 정보를 알게 되었고, 좋은 기회가 될 것 같아 이직하여 현재까지 업무를 계속하고 있습니다.

Q. 지금 일을 하시면서 일에 대해 보람을 느낄 때는 어떨 때인가요?

A. 우리 회사 제품의 가치를 높이는 방법을 생각하다 보니, 하나하나 자식처럼 애틋한 마음이 듭니다. 하지만 의료보험 재정은 한정되어 있으

니 마냥 높은 가치를 인정받기 어려운 게 현실입니다. 그렇기 때문에 많이 힘듭니다. 그럼에도 불구하고 우리 제품의 가치를 높게 인정받게 되면 그간에 고생한 기억은 사라져 버리고 짜릿한 전율을 느낍니다. 그래서 힘들어도 또 도전하게 됩니다.

Q. 시장진입전문가(Market Access Specialist)의 전망은 앞으로 어떻게 될 거라 예상하는지요?

A. 의료가 발전함에 따라 다양한 치료법이 개발되고 있습니다. 특히 시술의 경우 더 안전한 시술을 위해 비 침습적인 새롭고 정밀한 제품들이 계속 개발되고 있는 상황입니다. 과거와 비교하면 제품의 시장 진입을 위해 노력하는 사람들이 더 많이 필요할 것이고, 제품의 가치를 입증하려는 방법 또한 새롭게 개발되고 있어서 미래 전망은 매우 밝다고 생각합니다.

Q. 시장진입(Market Access) 일을 하려면 어떤 준비가 필요한가요? 어떤 경험이나 전문 지식이 도움이 될까요?

A. 무엇보다 질병과 치료에 대한 이해가 중요합니다. 기본적으로 의학적 지식이 수반되지 않으면, 아무리 좋은 제품이라 할지라도 그 제품의 가치를 증명하거나 설명하기 어렵기 때문입니다. 여기에 추가로 의료 시장 전반에 대한 이해, 그리고 의사소통 기술이 있으면 도움이 됩니다.

Q. 전직을 원하는 간호사들에게 어떤 이야기를 해주고 싶으신가요?

A. 제가 처음 병원 밖으로 나왔을 때 먼저 병원을 나온 선배님이 이런 이야기를 했습니다.

"3개월이 고비이니 잘 넘기렴."

임상에 있을 때는 내 근무 시간만 책임지고 내 전공분야라는 생각으로 자신감 있게 일을 했는데, 임상 밖으로 나오니 나는 그냥 '정 내리'였고, 온전히 내가 할 수 있는 일이 하나도 없었습니다. 병원과는 다른 분위기에 적응하는 데 오랜 시간이 걸렸습니다. 정말 3개월이 고비였습니다. 아직도 임상의 경험은 저에게 있어 무엇보다 소중합니다. 그때의 과정이 없었다면 지금 이 업무를 하기 어려웠다고 생각합니다. 임상에서 근무할 때는 이보다 더 힘든 일이 있을까 싶었는데, 현장을 떠나니 다 저마다의 위치에서 어려운 점은 존재했습니다. 단순히 임상의 어려움으로 현장을 떠나 회사로 이직을 꿈꾸신다면 좀 더 신중히 생각하고, 해당 업무에 대한 이해를 다방면으로 높인 상태에서 도전하기를 당부 드립니다.

간호사, 딱 3년만 하라

세상에서 살아가는 일은 매우 드문 일이다.
대부분의 사람들은 그냥 존재만 할 뿐이다.
삶은 복잡하지 않다. 우리가 복잡한 것이다.
삶은 단순하다. 그리고 단순한 것이 옳은 것이다.
우리 모두 하수구에 빠져있지만, 그래도 우리 중 몇몇은 별을 바라보고 있다.
넘어질 때마다 무엇인가 줍는 사람은 자신의 꿈에 점차 다가간다.
괴로운 시련처럼 보이는 것이 뜻밖의 좋은 일일 때가 많다.
자기 자신을 사랑하는 일이야말로 평생 이어질 낭만의 첫걸음이다.

오스카 와일드

제약 마케팅 에이전시에서는
어떤 일을 하는가?

파맥스 아니 오길비 헬스월드로의 컴백

제약회사 리서치 팀에서 일을 하고 있는데 나에게는 친정 같은 회사, 파맥스에서 스카우트 제의를 해왔다. 몇 년 사이에 나도 컸지만 파맥스도 제대로 몸집을 키운 상태였다. 신약을 주무기로 국내 시장에 들어온 외국계 제약회사들이 호황을 누리는 사이, 파맥스의 경험과 노하우는 업계의 인정을 받아 글로벌 광고 회사 오길비(Diamond Ogilvy)와의 합병을 이루어냈다. 회사는 위상도 올라갔고 이제는 '오길비 헬스월드(오길비 커먼헬스의 전신)'에서 일한다는 것만으로 프라이드가 되었다. 회사에서는 팀이 더 세분되었고, 리서치 연구소까지 설립되어 있었다.

직장인들에게는 연봉을 올릴 기회가 여러 번 있다. 한 회사에서 능력을 인정받아 연봉 인상에 성공하기도 하지만 3~4년마다 회사를 옮겨가며 연봉을 20~30%씩 점핑시킬 수도 있다. 글로벌 제약회사에서의 경험은 나에게 좋은 연봉 협상의 발판이 되었다.

로컬 회사에서 글로벌 회사가 되니 얻게 되는 장점이 참 많았다. 첫째, 실제로 회사 매출에 기여하는 바가 있었다. 우리의 고객인 제약회사의 글로벌 본부(Head Quarter)나 AP 본부에서 우리 회사로 직접 프로젝트 오더가 내려오는 것이다. 물론 국내사는 모르게 프로젝트를 진행했다. 역시 글로벌 회사들은 무서운 회사라는 생각이 들었다. 또한 글로벌 제약사들은 프로젝트 입찰(Bidding)* 시에 글로벌 에이전시의 제안서를 의무적으로 받아야 했다. WPP에서 하나, 국내 대형 리서치 회사에서 하나, 이런 식으로 내부 입찰 규정을 가지고 있었다. 우리 회사로서는 기회가 많아졌다.

둘째, 회사가 제공하는 결과물의 퀄리티가 업그레이드되었다. 오길비는 WPP(글로벌 미디어 커뮤니케이션 서비스 기업) 그룹의 자회사로, WPP 안에 유수의 자원들을 함께 공유할 수 있었다. 세계가 공감한, 큰 반향을 일으킨 캠페인이나 프로젝트 등의 최신 자료를 보고 공부하여 더 좋은 아이디어를 제약사에 제안할 수 있었다.

셋째, 회사 내에서 일하는 직원들에게 다양한 기회가 주어졌다. 직원들은 AP에서 일할 기회를 얻게 되었고, AP교육 담당이 한국을 방문하여

---

*프로젝트를 수행하기 전, 여러 업체로부터 견적과 제안서를 받아 경쟁을 시키는 시스템이다. 제약회사에서 생각하지 못한 신선한 아이디어가 제안되기도 하고, 경쟁력 있는 입찰가가 제시되어 제약사로서는 여러모로 이득이다. 프로젝트 규모에 따라 2~5개까지 에이전시 경쟁입찰이 이루어진다.

직접 해외 사례를 소개해 주거나 교육하는 일이 자주 생겼다.

그밖에 장점은 '오길비 헬스월드'라는 회사 자체가 브랜드 파워를 가지게 되었다는 점이다. 회사의 직원들이 사용하는 명함, 지갑, 가방 등 모든 소품들은 회사 CI^(Company Identity)를 드러낼 수 있도록 제작되어 전 세계적으로 동일 제품을 사용하였다. 명함을 내밀면서도 회사의 브랜딩이 자연스럽게 되고, 회사에 대한 프라이드가 느껴졌다. 회사의 가구 하나 전구 하나도 외국에서 전부 공수한 제품들로 꾸며졌다. 사무실 인테리어는 창의적인 공간이라고 잡지에 소개될 정도로 독특했는데, 유명 탤런트들이 나오는 드라마에도 섭외되어 내가 회의하는 회의실이 드라마에도 나왔다. 부가적으로 직원들 구인이 쉬워지는 것은 보너스였다.

그렇지만 소소한 단점도 있었다. 이전의 가족 같은 분위기, 우리 회사, 우리 가족이라는 분위기는 없어졌다. 직원들은 소리 없이 왔다가 소리 없이 떠나갔고, 회사 내에 모르는 얼굴이 많아졌다. 그저 우리 부서 직원들만 챙기기에도 바빴다.

글로벌 회사가 되고, 회사가 제공하는 서비스의 카테고리가 정렬되었다. 기존에 제공하던 서비스도 이론적 근거를 바탕으로 보다 과학적으로 브랜딩되었다. 물론 브랜딩 프리미엄으로 서비스의 단가는 올라갔지만, 제약사들은 고가의 서비스를 즐겼다.

지나고 보니 호시절이었다. 고혈압, 당뇨 신약이 줄줄이 론칭을 했고, 항암제, 희귀질환, 면역질환 치료제들이 앞 다투어 나와 제약 시장 자체가 최고의 호황을 누리던 시절이었다. 그렇게 나도, 회사도, 제약 업계도 좋은 시절을 보내고 있었다.

아는 PM은 재산이다. 복리처럼 불어나는

제약회사의 프로젝트(마케팅 프로모션 프로그램)를 수주하기 위해서는 경쟁 입찰에 참여하는 것이 일반적이다. 가장 일반적이고 가장 많이 진행되는 형태지만, 여러 에이전시들이 다 함께 들어오기 때문에 제안서를 준비하는 에이전시 입장에서는 들어가는 시간과 노력도 무시할 수 없고, 다른 업체들의 업력, 제약회사와의 관계, 입찰 가격 등 제안서 이외의 여러 가지 요소들을 고려해야 했다. 선택과 집중이 필요한 부분이다.

여기서 잠깐, 제안서를 준비하기 전에 제안의 성격이 팀 내에서만 작업해도 무방한지, 아니면 회사 내 여러 팀이 함께 협업해야 하는 작업인지 판단이 필요하다. 큰 규모의 에이전시인 경우 회사 내에 컨벤션(Convention)팀, 메디컬(Medical)팀, 리서치(Research)팀, AD/캠페인(Advertisement/Campaign)팀 등이 있고 이 모든 팀을 지원하는 크리에이티브(Creative)팀이 존재한다. 보통은 전체 프로젝트 중 메인 프로그램을 개발하는 팀이 주도권을 갖게 되는데, 비슷하게 역할을 담당한다면 어느 팀이 전체 프로젝트를 핸들링하는 게 더 유리한가를 판단해 조율하게 된다.

이제 회사 차원에서 이번 입찰에 참여한다는 판단이 섰다. 제안서 준비과정에 대해 살펴보도록 하자. 먼저 제약회사의 오리엔테이션에 참여했던 팀이 호스트가 되어 각 팀을 초대하고 첫번째 회의를 이끌어간다. 이때 호스트는 기본적인 자료 조사를 해서 전체 프로젝트의 개요를 모두에게 이해시키고, 제약회사가 현재 가지고 있는 이슈들과 프로그램에 바라는 내용에 대해 짚어준다.

이후 각 팀에서는 각 팀이 제안할 수 있는 다양한 프로그램에 대해 논의한다. 1~2주 후, 팀별로 세부 프로그램에 대한 초안이 만들어지면 두 번째 회의가 진행된다. 각 팀에서 준비한 프로그램을 브리핑하고 다른 팀의 피드백을 받아 세부안을 수정한다. 이때 각 팀이 내놓은 프로그램 전체를 아우를 수 있는 크리에이티브팀의 브랜딩 작업도 함께 논의한다. 제약회사 입장에서는 자사의 제품 프로모션 혹은 캠페인이 통일된 캠페인 아이덴티티를 갖고 일관되게 진행되기를 원하기 때문에 일정 규모 이상이 되는 프로젝트는 반드시 브랜딩 작업을 함께 진행한다.

브랜딩 작업에서 프로그램의 아이디어를 얻기도 하고, 각 팀의 아이디어에서 브랜딩 아이디어를 얻기도 한다. 이 둘의 순서는 제안서 준비 기간이 얼마냐에 따라 달라지지만, 대부분 작업 시간을 줄이기 위해 동시에 진행되는 경우가 많다. 크리에이티브팀은 가상의 프로젝트에 엠블럼, 슬로건, 메인 비쥬얼까지 시안을 여럿 만들게 된다. 이 부분에 시간과 노력이 상당 부분 들어가기 때문에 같은 에이전시끼리 제 살 깎아먹기라는 자조 섞인 비판도 하지만, 메인 비쥬얼이 있는 것과 없는 것은 고객사가 보기에 큰 차별화가 된다. 회사에서는 꼭 따야만 하는 프로젝트이고, 프로그램이나 노하우 측면에서 자신이 있다 싶으면 더욱 공을 들인다.

제안서에 들어가는 기본 자료 조사에는 시장 상황 분석과 고객사 제품 분석이 들어간다. 여기에 우리 회사가 특별히 얻을 수 있는 조사 내용과 시장에 대한 인사이트를 고명처럼 얹으면 금상첨화다. 당뇨병 치료제면 당뇨병 치료 시장, 고혈압 치료제면 고혈압 치료 시장에서 업계 주요 제품의 시장점유율(MS, Market Share)은 어떻게 되고, 그들의 최근 몇 년의 매출 추이가 어떻게 변화하는지를 분석한다. 물론 그 치료 시장 자체가 점점 커가고 있는 시장인지, 점점 축소되는 시장인지도 함께 봐야 한다. 또한 시장에서 최근 어떤 이슈들이 대두되고 있는지도 빠질 수 없는 내용이다. 제품의 보험 인정 여부가 될 수도 있고, 전체 제품들의 보험 약가 인하가 될 수도 있다. 에이전시 내에 리서치 부서가 있다면 관련 리서치 보고서를 참조하고, 회사가 글로벌 에이전시라면 글로벌 차원에서 성공한 프로그램, 캠페인들에서 아이디어를 얻어와 벤치마킹하기도 한다.

이렇게 팀별로 준비한 내용은 2~3차례 회의를 거치며 다듬어진다. 아이디어의 참신성, 이슈 확대 가능성, 제품의 세일즈와 어떻게 연계시킬지 등을 검토하며 서로의 피드백이 더해져 프로그램은 더욱 알차진다. 제안서에 따라 준비 기간이 한 달에서 두 달 가까이 필요한 때도 있다. 제안서의 한 페이지, 한 페이지가 자식처럼 살뜰하게 느껴진다. 제안서를 내고 제약회사의 결정을 기다리는 일도 있지만, 여러 에이전시가 한날한시에 제안서 발표를 하는 경우도 드물지 않다. 해당 제품의 BM, PM, APM(Assistant Product Manager), 마케팅 부서장, 이웃 팀의 PM까지 모두 들어와 제안서를 함께 검토한다. 예상했던, 예상하지 못했던 PM의 질문에 답변하며 우리 제안서가 가지는 특화된 장점을 말하고, 우리 회사의 경력과 강점을 전달한다.

이렇게 고생고생하며 만든 제안서의 성공률은 과연 몇 퍼센트나 될까? 회사에 따라 다르겠지만, 잘 나가는 우리 회사도 아마 50% 이상은 고배를 마시지 않았을까? 더 될 듯도 하다. 물론 제안서가 떨어졌다고 해서 준비한 그 시간이 모두 물거품으로 돌아가는 것은 아니다. 향후 더 큰 제안 작업을 위한 밑거름이 된다. 회사 내 협업을 위한 연습도 되고, 회사 내 주니어 스텝들에 대한 교육도 한꺼번에 진행하는 것이다. 또한 생각지도 못했던 다양한 아이디어가 모여 회사 내 지적 자산으로 계속 쌓여간다. 물론 프로젝트가 당당히 선택받는다면 그 기분은 이루 말할 수 없이 짜릿하다. 남들은 이해하기 힘든 나만의 희열, 아마 이 기분에 중독되어 계속 마케팅을 하는지도 모르겠다.

프로젝트 입찰 과정의 치열함을 소개했지만 모든 프로젝트가 경쟁 PT를 통해 결정되는 것은 아니다. 제약회사 PM(product Manager)이 경쟁 PT 없이 에이전시를 선정하기도 한다. PM은 자신의 재량권으로 쓸 수 있는 예산이 정해져 있다. 건당 3,000만 원이든 1,000만 원이든 그 예산 안에서는 PM이 에이전시를 임의로 결정할 수 있다. 프로젝트 전체 예산이 예산 범위를 넘어간다면 예산을 쪼개 집행하기도 한다. 그리고 시간 여유가 없는 사안인 경우에도 PM이 재량권으로 에이전시를 선정한다.

그렇다면 PM과는 어떤 연결고리로 프로젝트를 시작하게 되고, 계속 이어가게 되는가? 경쟁 PT에 함께 들어왔던 다른 제품의 PM이 제안서 PT를 통해 업체의 가능성과 아이디어를 보고 연락해 오기도 한다. 하지만 많은 경우에 PM은 옆 팀의 PM에게 좋은 업체를 추천해달라고 한다.

즉 PM이 다른 PM을 물어다 주는 식이다. 그렇게 PM의 소개를 통해 PM 과 연결된 경우 작은 프로젝트를 시범적으로 진행한 다음, 서로를 파악 한 연후에 큰 프로젝트로 넘어간다. PM이 하는 업무가 워낙 많기에 일단 좋은 관계가 맺어지고 일정 수준 이상의 성과를 낸다면 그 에이전시와 는 다른 프로젝트도 함께 이어갈 가능성이 커진다. PM도 좀 더 편하게, 효율적으로 일하고 싶어 한다. 프로젝트 기획 단계부터 협의하므로 경 쟁 PT를 해도 내부 사정과 해당 프로젝트의 방향, 큰 그림을 잘 알고 있 는 에이전시가 제대로 세부 그림을 그릴 수 있어 결국에는 PT에서 유리 한 자리를 선점하게 된다.

그럼 PM은 어떤 에이전시를 편안해하고, 자신과 업무 스타일과 맞는 다고 느끼는가? 이건 PM별로 다양하다. 실상 PM과 프로젝트를 진행해 봐야 서로의 스타일에 대해, 바라는 업무 협조 관계에 대해 정립이 된다. 하나하나 꼼꼼히 챙겨주길 바라는 PM에게는 한발 앞서 프로젝트 일정 에 대해 안내하고, 바로 다음 스텝에서 어떤 업무를 진행해야 하는지에 대해 자세히 안내해주면, PM은 완전히 나를 신뢰하게 되고 프로젝트 진 행에 안심한다. 프로젝트에 대해 전적으로 업무를 믿고 맡기며 고객사 내부에 보고해야 하는 자료까지 만들어 달라고 요청하는 경우도 있다. 그 PM은 그 제약회사 내에서 빅마우스가 되어 다른 PM에게 입소문을 내 고, 다른 제품을 맡게 되거나 다른 제약회사로 옮기더라도 꾸준히 연락 이 온다. 하지만 프로젝트 진행에 대해서만 관여하기를 원하는 PM도 있 다. 본인이 다 알아서 할 테니 'Don't touch' 하는 걸 원하는 경우다. 하지만 내 경험에 비춰보면 업무에 항상 지쳐있는 PM들은 전자의 경우를 훨씬 선호한다.

어디에서도 마찬가지지만 성실함은 PM과의 관계에서도 가장 기본이 된다. 한 PM과 몇 년 동안 한 프로젝트를 진행하면서 여러모로 서로 신뢰했던 경우가 있다. 한 프로젝트는 그다음 프로젝트로 이어졌고, 그 PM이 B사, C사로 회사를 옮길 때마다 번번이 연락이 와서, 그전까지 프로젝트가 없었던 B사와 C사에도 우리 회사를 알릴 수 있었다. 특별한 관계라고 그를 기억하는 이유는, 명절이나 해외 출장 시 나를 위한 선물을 우리집으로 특별 배송해주는 섬세함이 있었기 때문이다. 성실함을 바탕으로 인간적 관계까지 도탑게 된 경우이다.

PM과 일을 같이 하면, 프로젝트에 따라 영업 사원(MR, Medical Representative)들을 만나는 경우도 많다. 이때도 존중과 성실성이 바탕이 되어 영업사원과 관계를 맺는다. 영업 사원이 영업 사원으로만 머물러 있지는 않는다. 해당 제품의 PM으로 발탁되는 경우도 종종 있다. 그렇게 되면 안면이 있고 좋은 기억이 있는 나에게 1순위로 프로젝트를 요청하는 것은 당연지사다.

에이전시의 PM(Project Manager)에게 제약회사의 PM(Product Manager)은 재산이다, 복리의 마법처럼 점점 불어나는. 에이전시의 PM이 흥하거나 망하거나 하는 핵심은 얼마나 많은 제약회사 PM을 알고 있고, 그들과의 관계가 얼마나 단단하냐에 달려있다고 볼 수 있다. 재산이 많다면 자산은 저절로 불어날 것이고, 재산이 바닥이라면 곧 파산선고를 하게 될 게 분명하기 때문이다.

마찬가지로 제약회사 PM은 자신의 제품을 성공적으로 키우기 위해서는 에이전시 PM이라는 자원을 적절히 활용하여야 한다. 에이전시 PM은 성공한 제품의 노하우와 실패한 제품의 전적을 잘 알고 있기 때문이다. 이 둘은 서로가 서로에게 좋은 자원이 되어 좋은 파트너로서 함께 윈윈할 수 있다. 함께 성장할 수 있다.

"이 약은 유재석 같아요"

기존 치료제와는 다른 기전을 가진 새로운 계열의 당뇨 신약이 나왔다. 보통 이런 경우 제품 출시 전, 대대적인 시장이해조사(Market Understanding Study), 말 그대로 제약 시장 전반을 점검하는 대규모 조사를 진행한다. 먼저 정성조사를 실시하여 전체 마케팅 리서치의 방향을 설정하고, 정량조사를 실시하여 통계적으로 의미 있는 숫자들을 뽑아낸다. 이 숫자들은 신약을 론칭한 이후 향후 6개월, 1년 내에 어느 정도까지 마켓 점유율을 차지할 것인지 가늠하게 한다. 대규모 조사에는 종합병원에서 그 질환을 주로 보는 전공과목들이 모두 포함되는데, 당뇨인 경우에 내분비내과, 심장내과, 신장내과, 그리고 개원하고 있는 일반 내과의원이나 가정의학과 의원까지 모두 포함된다.

정성조사는 대부분 집단토론(Focus Group Discussion) 형태로 진행하는데, 형식이 매번 같다 보니 그 틀 안에서 좀 더 새로운 형태, 좀 더 재미있는 구성을 제약회사도, 의사도 원한다.

우리나라는 세계가 인정하는 IT 강국이다. 기존에 사용했던 간단한 시트(Sheet) 대신에 개별 태블릿 PC와 터치스크린이 되는 대형 모니터를 이용하기로 했다. 토론 중간 중간에 촉진자(Facilitator)인 내가 질문을 던지면 대형 모니터에 질문이 뜨고, 의사들이 개별 태블릿에 답변하는 내용이 통계 처리되어 제일 많이 응답한 대답이 상위에 랭크되도록 프로그램을 짰다. 선생님들은 실시간으로 본인의 답변이 모니터에 나오니 무척 재미있어 하셨다. 일단 절반의 성공이다.

내용적인 면에서도 재미있는 포인트를 넣었다. 제품 콘셉트 테스트할 때 많이 사용하는 이미지 조사이다. 신약의 여러 임상 연구들에 대해 브리핑하고, 신약이 어떤 이미지로 시장에서 포지셔닝할 것 같으냐고 질문한다. 우리는 주관식에 약하다. 의사쌤들도 주관식에 약하다. 우리는 사지선다에 강하다. 언제나 공부를 잘하셨던 우리의 의사쌤들은 사지선다에 무척이나 강하다.

질문) 방금 여러 임상 데이터를 확인하셨습니다. 그 내용을 고려할 때, 신약의 이미지는 다음 연예인 중에서 누구와 비슷하게 느껴지나요?

(1) 강호동 (2) 유재석 (3) 신동엽 (4) 기타(   )

선생님이 '신약의 이미지가 유재석이다'라고 답변하는 것은 중요하지 않다. 그 약을 어떤 의미에서 유재석과 연결하는지 그 이유가 중요하다. 바로 그 이유에 대해 질문한다.

"유재석은 벌써 20년 넘게 온 국민의 사랑을 받잖아요. 이 약도 누구나 믿고 쓸 수 있는 약 같아요. 임상 연구가 굉장히 광범위하게 진행되어서 믿음이 갑니다. 당뇨를 처음 진단받은 환자에게도 부담 없이 쓸 수 있을 것 같아요. 한번 자리 잡게 되면 오래도록 사랑받을 수 있는 약이라는 이미지가 있습니다."

"신동엽은 아주 쎈 이미지는 아니지만, 다른 어떤 사회자나 패널과도 궁합이 잘 맞는 거 같아요. 어차피 당뇨는 한 가지 약으로는 잘 조절되지 않고 다양하게 약을 섞는데, 기존 약에 이 약을 추가하게 되면 여러 가지 효과를 기대하면서 부작용 걱정 없이 쓸 수 있을 것 같아요. 무난하고 요모조모 쓸모가 많을 것 같습니다."

참석한 패널분들이 거침없이 말씀을 이어 가신다. 연예인이란 비유 하나가 제품에 대한 설명을 더 풍성하게 한다. 제품에 대해 기대하는 내용까지 보태신다. 거기서 우리는 제품이 가져갈 이미지를 찾는다. 새로운 틈새를 본다. 새로운 가능성과 방향을 발견한다. 마케팅 전략의 성공 여부를 결정할 주요 단서들을 포착한다.

 여기서 잠깐

＊원탁회의(RTM, Round Table Meeting) vs. 자문회의(ABM, Advisory Board Meeting)

원탁회의(RTM)은 회의 진행 방식에 따른 분류이고, 자문회의(ABM)은 회의 내용에 따른 분류이다. RTM은 U자형으로 앉아서 하는 모든 형태의 미팅을 지칭하는데, 특정 이슈에 대해 참가자가 자유롭게 토론하는 회의에서 자주 활용된다. 제약 파트에서는 리서치의 한 종류인 정성조사를 진행할 때, 그리고 ABM을 진행할 때 많이 사용된다.

자문회의(ABM)는 제약회사가 자사의 특정 제품에 대해 자문받기 위해 운영하는 회의이다. 보통 6~10명 정도의 의사들로 구성되는데, 연간 2~4회의 회의를 통해 제품의 장기 전략이나 단기 전술에 대한 조언을 듣는다. 예를 들면, 마케팅 전략에 대한 자문, 제품의 키 메시지에 대한 의견 수렴, 의사 대상 심포지움이나 환자 프로그램에 대한 평가를 받는다. 간혹 국내에서 4상 임상을 진행하기 위한 조언을 얻기도 한다. 일부 몰지각한 제약회사에서 자문회의를 비정상적으로, 비상식적으로 운영하여 공정거래위원회로부터 제소를 당해 벌금을 물게 된 경우가 있지만, 일반적인 ABM은 제약회사에도, 의사들에게도, 궁극적으로는 환자에게도 꼭 필요한 프로그램이다. 운영이 잘되면 제품에 대한 충성도(Royalty)를 올릴 좋은 기회로 활용할 수 있다.

메디컬 콘텐츠에 숨을 불어 넣어라

근거기반의학(Evidence Based Medicine)이 대세이다. 그 어떤 제약회사도 근거 없이 자사 제품을 광고할 수 없고, 그 어떤 의사도 근거 없이 의약품을 처방하지 않는다.

가령 '자사 제품의 효과가 빠르고 우수하다'라고 생각하더라도 '제품 A는 KTX보다 두 배 더 빠르고, 제품 B보다 두 배 더 강력합니다'라고 말할 수 없다. 어떤 근거도 제시하지 않았기 때문에 아무도 그 말을 믿지 않는다. 오직 의학연구윤리심의위원회(IRB, 각 병원에서 임상 시험이 적합한지를 판단하는 기관)를 통과한 임상 연구에서 통계학적으로 유의미한 결과가 나오거나 그 결과가 유수의 해외 저널이나 학회지에 실려 인정을 받게 되면 그제야 그 회사의 주장에 귀를 기울인다. 그 제품의 효과를 믿게 된다.

이제 제품 A의 작용기전(MOA, Mechanism Of Action)이나 임상 연구의 결과인 키 메시지를 가장 효과적인 형태로 가공해서 전달하는 사람이 필요하다. 정확한 근거를 제공해서 궁극적으로 의사들이 편하게 처방하도록 하기 위함이다. 이때 메디컬 콘텐츠를 전문적으로 다루는 업무를 메디컬 라이팅(Medical Writing)이라 하고, 그 일을 하는 사람을 메디컬 라이터(Medical Writer)라고 부른다. 의약품에 관련된 모든 정보를 수집하고 분석, 정리, 편집해서 유무형의 서비스를 제공하는 업무를 하는 사람들을 일컫는다. 이들은 제약 마케팅 에이전시에서 주로 근무하며, 약사들이 대다수이고 간호사는 아주 소수에 불과하다.

회사에서 일하는 동안 나도 메디컬 콘텐츠 관련 업무를 많이 진행했다. 대략 내 업무의 30% 정도였다. 일 자체가 어렵고 확인해야 할 것들이 많기 때문에 탐구적이고 꼼꼼한 성격인 사람에게 잘 맞는데, 전문 인력이 부족해 에이전시마다 인력난을 겪는다. 내가 회사를 떠난 후에도 이 분야의 일은 꾸준하게 의뢰가 들어온다.

메디컬 콘텐츠를 개발할 때는 누가 그 콘텐츠를 소비할 것인가를 가장 먼저 고려한다. 다음은 어떤 형태로 콘텐츠를 전달할 것인가와 내용에서 무엇을 강조할 것인가이다.

메디컬 콘텐츠의 주요 소비 대상은 의사와 환자, 영업사원, 간호사를 포함한 의료인, 일반인의 순이다. 메디컬 콘텐츠를 전달하는 형태는 책자나 브로슈어, 리플릿, 슬라이드나 영상 형태 등 다양하다.

의사들을 위한 메디컬 콘텐츠는 다양한 내용, 다양한 형태로 개발한다. 특정 질환이나 국내외 중요 이슈를 시즌마다 다루기 위해서 계간 형태의 저널이 기획되고, 희귀 질환이나 질환 자체가 생소한 경우에는 질환의 이해를 돕기 위한 단행본이나 소책자를 만든다. 전문 의약품의 효능과 강점을 설명하기 위해서 브로슈어나 리플릿 형태가 일반적으로 가장 많이 쓰이고, 다수의 의사들에게 강의 형태로 제품의 메시지가 전달되기 위해서는 PPT 슬라이드 형태로 개발한다. 약물의 기전이나 특정 질병군의 환자에 대한 응대, 상담 등의 특별한 상황을 설명하기 위해 글로벌 제약회사의 동영상까지 동원하는 경우도 종종 있다.

이제 본격적으로 콘텐츠 개발이다. 제품의 장점을 설명하기 위해 임상 연구를 좀 더 영향력 있게, 그리하여 궁극적으로는 그 제품을 처방하도록 하기 위해 키 메시지를 어떻게 만들지 고민한다. 다른 제품과 차별화된 기전이 있다면 그것을 강조하고, 임상 연구에서 우월한 효과가 입증되었다면 통계적 수치를 전면에 내세워 표나 그래프를 통해 강조한다. 여기에 의사들이 가질 수 있는 의문과 반발을 예상하여 미리 그에 대한 응답을 정리해(Objection Handler) 핸드북 형태로 만들어 영업사원에게 배포하고 숙지시키기도 한다.

의사 다음으로 메디컬 콘텐츠를 많이 소비하는 대상은 환자이다. 환자는 자신이 걸린 질병이나 치료, 제품의 효과와 부작용 등을 자세히 알기를 원한다. 질환의 원인은 무엇이며 치료의 경과나 최근까지 업데이트된 치료의 트렌드, 치료 약물에 대해 환자의 눈높이에 맞춰 쉽게 풀어 쓴 질환 책자, 자신의 약물 복용 기록을 적도록 만든 다이어리를 겸한 환자 수첩이 필요하다. 그리고 일반인이나 환자 대상의 질환 강의를 위한 강의 슬라이드, 의료기기 제품의 수월한 사용을 위한 기기 사용 매뉴얼도 제작한다. 그 외에 일반인들을 위한 캠페인 제작물, 제약회사의 영업사원들을 위한 교육 자료 등을 만든다.

콘텐츠 개발에는 콘텐츠 자체를 처음부터 개발하는 작업, 기존의 작업물을 새로운 내용으로 업데이트하고 편집하는 작업, 제품의 주요 임상 연구에서 키 메시지를 뽑아내는 작업, 외국 영상을 번역하고 검수하는 작업들이 모두 포함된다. 콘텐츠를 개발할 때의 소스(Source)는 제품에 관한 내용이라면 제약회사에서 중요한 자료들을 전달받지만, 질환에 관한 내용이라면 공신력 있는 학회 자료나 국립 병원의 웹사이트, 의과대학의 교과서를 교재로 삼는다. 이렇게 대상에 맞게 목적에 맞게 개발된 제작물들은 인쇄물로 출력하거나 웹사이트에 게재하고 영업사원이 사용하는 탭에 탑재된다.

콘텐츠 개발이 끝났다면 인쇄소에 파일을 넘기기 전에 마지막으로 오타를 확인하는 단계가 남는다. 담당자가 보고 또 보고, 그 위의 편집자(Director)가 보고 또 봐도 불안하다. 페이지가 상당한 경우에는 파일을 넘길 때까지 오타 걱정이 끊이지 않는다. 어떨 때는 내부 전 직원에게 선물을 걸고 오타 찾기 이벤트를 하기도 하지만 따끈한 인쇄물을 받자마자 오타를 발견할 때의 등골의 서늘함이란 경험해보지 않은 사람은 모른다. 어쩔 수 없다. 부서의 전 직원이 회의실에 모여 수정된 문구의 스티커를 붙이는 작업을 오밤중까지 해야 한다.

대부분은 에이전시가 인쇄물에 대해 일정 수수료를 받고 최종 인쇄물에 대한 책임을 지는데, 요즘은 제약회사들이 자사의 출판물을 모두 맡기는 형태로 저렴한 단가를 제공하는 인쇄소와 연간 계약을 맺어 직접 인쇄를 진행하는 경우가 있다. 사실 에이전시는 작업 파일을 인쇄소에 그냥 넘기는 것이 아니다. 책임 디자이너가 인쇄소까지 넘어가서 인쇄 과정을 살핀다. 종이의 질이나 인쇄물의 색감, 후가공 처리까지 모든 공정을 감수한다.

한 번은 제약회사에서 수수료를 줄일 요량으로 자기네가 직접 파일을 건네받아 인쇄소에 직접 오더를 내렸다. 최종 작업물에 대해 걱정이 안 되는 것은 아니었으나 우리를 전적으로 믿지 못하는 것이 속상해 그저 두고만 보았다. 역시 후가공 방식에 대해 정확히 전달했음에도 결과물은 엉망이었다. 표지에 일부 글자를 부분 코팅하여 도톰하게 나와야 하는데 시커멓게 나와 제약회사는 다시 인쇄 작업을 요청해야 했다. 그 실수를 통해 우리도 배운 바가 크다. 어떻게 해서든 고객사를 설득해서 인쇄 공정을 감수하는 것은 우리의 업무로 가져가야 할 것이다. 우리가 비용을 낸 것은 아니었지만 두고두고 뒷맛이 씁쓸했다.

대박과 쪽박 사이, 신약의 성공 조건

제약 시장에는 매일매일 신제품이 쏟아져 나온다. 어떤 제품은 시장에서 열렬히 환영을 받아 블록버스터가 되는가 하면, 어떤 제품은 출시와 동시에 소리소문 없이 사라진다. 이 둘 사이에는 어떤 차이점이 있어 적게는 수백억에서 많게는 수조 원까지 들여 만든 제품들의 운명이 이렇게 달라지는 걸까?

잠시 신제품 성공의 필요조건들을 생각해보자. 먼저 신제품이 성공하려면 신제품에 대한 욕구가 의사들에게 있어야 한다. 기존 제품으로는 충분히 질환을 치료할 수 없을 때, 치료가 가능하기는 하나 부작용에 대한 부담이 클 때, 효과나 부작용에 대해서는 수용 가능한 수준이나 약제를 투여할 때마다 환자에게 불편함이 뒤따를 때, 신약에 대한 욕구가 발생한다. 기존 제품과 비교하여 더 나은 효과, 획기적으로 감소한 부작용, 환자의 편의성을 증대시킨 제품이라면 의사들의 니즈에 부합하게 되고 시장의 열렬한 환호를 받게 된다. 이후 시장에 자연스레 안착하는 것은 당연한 결론이다.

물론 제품이 가진 제품력만으로 제품의 성공이 결판나는 것은 아니다. 제품의 흥망성쇠를 나누는 가장 큰 열쇠는 제품력보다 보험 등재 여부이다. 모든 신약은 출시 전 경제성 평가를 받는데 이때 임상적 유용성을 인정받느냐 인정받지 못하느냐에 따라 보험 등재 여부가 판가름난다. 글로벌 성공을 등에 업은 회사의 기대주라도 한국에서 보험 급여를 받지 못하면 제품의 마케팅 전략을 전면 수정해야 한다. 출시가 이미 결정된 제품이라도 출시를 영구히 미루기도 하고, 출시하더라도 마케팅 없이 다음 번 보험 재심사까지 숨죽이며 살아가기도 한다.

이밖에 신제품 성공의 필요조건에는 제약회사가 가진 영업력(Sales Force Effectiveness), 제약회사의 다양한 제품 포트폴리오(Product Portfolio), 시장에서의 기존 경쟁 상대(Competitors)들의 제품력도 한몫한다. 아주 훌륭한 제품이라고 기대를 모았던 제품도 그냥 그런 영업력을 가진 회사에 영업을 위탁하는 경우 폭망하는 경우도 있고, 당뇨에서 처음 신약을 출시하는 경우 그쪽의 포트폴리오가 전혀 없으면 영업 자체가 매우 힘들어진다. 그리고 이 모든 것을 아우르는 마케팅 전략이 필요하다. 그냥 성공하는 제품 없고, 그냥 실패하는 제품 없다.

　의사들은 우수한 효과와 적은 부작용을 제품 선택의 최우선 요소라고 말한다. 하지만, 제품력에서 최고(Top)라고 손꼽히는 제품이 아닌데도, 업계 1위를 수년째 지키는 경우를 자주 보게 되는데 이를 어떻게 설명할 수 있을까? 예를 들어 ARB라고 하는 고혈압 약물의 한 종류(Class)는 기본적으로 같은 효과와 부작용을 갖는다는 동종효과(Class Effect)에 대한 신념이 의사들에게 있다. 그런 가운데 우리 제품의 개별적인 특별한 효능을 어떻게 하면 의사들에게 적극 어필할 수 있을까?

　무엇보다 근거중심의학(Evidence Based Medicine)이다. 일단은 데이터로 어필해야 한다. 경쟁 약물과 비교한 3상 연구에서 기존 약물 대비 탁월한 효과성을 입증하였거나 부작용을 획기적으로 감소시킨 경우, 아니면 약물 사용의 편의성을 획기적으로 개선했다면 이를 의사들에게 적극적으로 알려야 한다. 알리고 또 알려야 의사들이 기억한다. 의사들이 기억해야 그들의 처방에 영향을 미칠 수 있다.

　'제약 마케터(Pharmaceutical Marketer)'는 '헬스케어 커뮤니케이터(Healthcare Communicator)'라고도 불린다. 헬스케어 시장에서 일어나는 모든 정보를 수집, 분석해서 얻은 인사이트를 이를 필요로 하는 이해 당사자에게 그들이 이해할 수 있는 내용과 형식으로 잘 포장해서 전달하는 역할을 하기 때문이다. 임상 3상도 좋고, 기존의 여러 연구들을 교차 분석한 메타 분석도 좋다. 최근에 나온 연구라면 더욱 좋고, 오래전 연구라도 키 메시지를 매력적으로 다시 뽑아본다. 감각적으로 수치를 두드러지게 표현하고, 연구의 숫자 속에서 환자 스토리를 만들어내기도 한다. 종합병원 의사에게는 종합병원 의사에게 맞게, 개원 의사에게는 개원 의사에게 맞게 의학정보를 가공하여 매력적으로 포장한다. 브로슈어를 섭고도 뇌리에 남도록 데이터를 요리하고 포장한다.

매일 생성되고 매일 사라지는 의학 정보의 양은 엄청나다. 신약의 등장은 어제까지 치료가 불가했던 영역을 오늘은 치료 가능 영역으로 바꾼다. 새로운 기전과 놀라운 임상 효과로 10년 동안 칭송받은 약물이라도 부작용이 문제가 되어 하루아침에 그 명성이 바닥에 떨어지고, 시장에서 퇴출당하기도 한다. 학회는 새로운 치료 약물에 스포트라이트를 비추고, 한번 지나간 약은 돌아보지도 않는다. 제약 마케터는 새로운 정보를 가공하여 널리 알려야 한다. 의사에게, 치료에 관여하는 모든 의료인에게, 그리고 환자에게.

그뿐만 아니라 정설로 믿던 과학의 이론도 새로운 이론으로 재무장된다. 의학계에서 오랫동안 통용되고 일반적으로 인정받았던 개념이나 이론도 새로운 임상 연구의 결과로 어느 날 낡은 지식으로 치부되고, 역사의 뒤안길로 조용히 사라진다. 간단한 예를 살펴보자. 지금까지는 고혈압 치료약을 복용하는 경우 아침 일찍 복용하는 것이 일반적이었다. 하지만 최근에 나온 새로운 연구*는 취침 전 혈압약 복용이 아침 복용과 비교해 심근경색, 뇌졸중, 심부전 등의 심혈관 사건의 경험 또는 이로 인한 사망 위험이 더 낮았음을 보고하고 있다. 이제 앞으로는 자기 전 혈압약 복용이 일상화될 수 있다.

깨질 수 없는 만고불변의 진리란 것은 없다. 새로운 연구, 새로운 임상이 우리를 더 건강하게 만들어 주리라는 신념으로 우리는 연구를 지속하고, 새로운 이론과 개념을 받아들일 준비를 해야 한다. 제약 마케터는 늘 변화하는 지형에 대처할 수 있도록 유연하고 말랑말랑한 사고를 해야 한다. 그래야 의료정보 소비자들에게 꼭 필요한 정보를 제대로 전달할 수 있고, 시장에서 환영받는 헬스 커뮤니케이터로 오래도록 살아남을 수 있다.

뻔한 심포지움 가고, 펀(Fun)한 심포지움 오너라!

제약회사는 자사가 보유한 제품의 키 메시지를 지속해서 의사들에게 소구한다.

"A질환을 가진 환자에게 필요한 강력한 효과를 원한다면 부작용 없는 이 제품을 처방하십시오!"

하지만 이런 메시지를 이 회사 저 회사에서 마구 떠들어댄다면 의사들

＊Hermida RC, Crespo JJ, Domínguez-Sardiña M. *at al* Bedtime hypertension treatment improves cardiovascular risk reduction: the Hygia Chronotherapy Trial. *Eur Heart J.* 2019 Oct 22(https://www.ncbi.nlm.nih.gov/pubmed/31641769)

은 이 약과 저 약의 차이를 구별할 수 있을까?

'우리 과자는 맛있어요, 몸에도 좋아요, 해로운 물질은 넣지 않아요'라고 말하는 과자 선전과 무엇이 다른가?

의약품은 통계적으로 유의성이 입증된 임상 연구를 통해 효과를 증명해야 한다. 그것이 근거중심의학(Evidence Based Medicine)이다. 그래서 때로는 최근에 발표된 글로벌 임상 연구를 총괄한 외국의 유명 교수가 연구 결과를 발표하기 위해 국내 학회에 참여하기도 하고, 국내에서 진행한 임상 연구의 주관 교수가 심포지움의 연자가 되기도 한다.

하지만 학계에 반향을 일으킬 수 있는 주요 내용이 발표되는 경우는 각 전공과목별로 춘계학회, 추계학회 정도이다. 그 외에 시 의사회나 지역 의사회, 각 병원별로 집담회 형식으로 갖는 소규모 행사나 제약회사가 후원하는 학술행사는 다소 밋밋한 형식이나 기존과 비슷한 내용으로 채워진다. 특히 제약회사가 후원하는 학술행사는 그 회사 제품의 기존 임상 연구가 반복적으로 발표되기도 한다. 참석하는 의사들의 눈과 귀를 잡을 수 있는 새로운 형태가 필요하다. 마케터들의 반짝이는 아이디어가 필요하다. 메디컬팀과 컨벤션팀이 협업했던 재미있는 사례를 공유한다.

심포지엄 1. "Welcome to New Treatment Paradigm~"

심포지엄의 콘셉트를 '새로운 치료 패러다임으로의 여행'으로 정했다. A제품과의 만남은 기존에 늘 해오던 치료 방식과 다른, 치료의 신세계로 입성하는 것이라는 메시지를 전달하고 싶었다. 의사들을 새로운 여행지로 쾌적하게 모시기 위해 심포지엄에 참여하는 우리 회사의 전 스텝은 모두 항공사 스튜어드와 스튜어디스가 되었다. 여자 스텝들은 바람에 날리듯 파란색 스카프를 목에 두르고, 업스타일 헤어를 하고 하얀 블라우스 정장을 입었다. 남자 스텝들도 스카프와 같은 색의 파란색 넥타이를 맞춰 메고 깨끗하게 정장을 입었다.

심포지엄 첫날, 참가자들의 등록대는 입국심사대로 꾸며졌다. 심포지엄에 참석하기 위해 온 의사들은 등록대가 아닌 입국심사대에서 입국 수속을 밟는다. 패스포트를 받아 서명한 다음 각 강의를 들을 때마다 패스포트에 입국(Immigration) 도장을 받는다. 일정 수의 도장이 채워지면 심포지엄 둘째 날에 출국심사대에서 소정의 선물을 받는다.

단순히 여행 콘셉트만 가져온 것이라 볼 수도 있지만 천편일률적인 심포지엄에 익숙한 참석자에게 새로운 즐거움과 재미를 선사했고, 덩달아 강의 참석률과 만족도까지 높은 평가를 받았다. 역시나 마지막 날 출국심사대에서 길게 늘어선 줄을 확인할 수 있었다.

심포지엄 2. "이런 진상 환자, 나는 이렇게 대처한다"

'제약사가 전달하고 싶은 메시지 말고, 실제로 개원가 의사들이 원하는 강의는 무얼까?'

'어떤 강의 주제가 개원의들이 환자를 보는 데 직접적인 도움이 될까?'

컨벤션팀과 메디컬팀은 새로운 심포지엄을 구상하며, 매번 듣는 강의 주제에서 벗어나 콘텐츠를 재미있게 구성해 보자며 의견을 모았다. 유명 대학 교수의 '질환의 최신 치료 트렌드' 강의도 좋고, 해외 학회에서 발표된 '신약의 최신 임상연구'도 좋지만, 매일 만나는 감기 환자, 소화불량 환자를 응대하는 더 나은 방법을 듣는 것이 그들에게 실제적인 도움이 되지 않을까? 우리 모두는 의사가 되어 고민에 고민을 더해갔다. 수십억을 들인 병원이 망해가는 현실에서, 한 건물 건너 병원이 개원하는 요즘 상황에서, 개원의로서 경쟁력을 어떻게 키워야만 하는지, 의학 공부는 열심히 했는데 직원 관리나 병원 경영은 어디서부터 배워야 하는지, 그들의 입장이 되어 계속 바닥까지 내려갔다.

개원의들은 지금 그 어느 때보다 경쟁이 심한 환경에 놓여있고 그들의 속내를 어디 가서 편하게 얘기할 수 있는 곳이 없다는 데 고민의 방점을 찍었다. 그리고 그 고민은 이미 그 고민을 해본 의사들에게 들어볼 수 있다는 결론에 이르렀다.

'저 병원은 의사가 어떻게 하기에 환자들이 매일 줄을 서는 거지?'

'내가 한마디 하면 두 마디 하는 말 많은 저 아줌마를 어떻게 상대하지?'

간호사, 딱 3년만 하라

남들은 도대체 어떻게 하는 거야?'

'예의 없고 병원 쇼핑만 하는 환자들에게 휘둘리지 않으려면 무엇부터 해야 한담?'

'백신 주사를 간호사가 설명하는 게 맞는 거야? 다른 병원은 어떻게 하고 있지?'

정말 궁금한 내용이지만 어디 가서 직접 물어볼 수 없는, 자잘하지만 쉽게 지나칠 수 없는 고민을 차근차근 모았다. 그리고 큰 주제로 그 고민을 다시 묶었다. 우리의 역할은 촉진자(Facilitator) 역할을 하는 것뿐이었다. 오랜 기간 환자와 보호자를 만나면서 내공을 쌓은 그들의 입을 통해 정답을 찾도록 우리는 대화의 장만 만들면 되었다.

전국에서 모인 소아과 선생님들은 자신들이 고민하는 문제에 대해 이미 해답을 갖고 있었다. 이미 지역사회에 뿌리내려 경영의 노하우를 터득한 선배의 경험을 공유하고, 그들의 집단 지성으로 더 좋은 방법들을 만들어 갔다. 회의 시간을 좀 더 늘려 달라고 했고, 그들끼리 멘토와 멘티가 되어 개인 연락처를 주고받았다. 3시간의 토론은 기대 이상 뜨거웠고, 2차, 3차 심포지엄에 대한 니즈가 여기저기서 터져 나왔다. 그 어느 때보다 참석한 의사의 눈빛은 열의에 차 있고, 누구도 열외 없이 토론에 참여했다. 물론 제약회사로부터 좋은 피드백은 예상된 결과였다.

심포지엄 3. "우리는 당신을 사랑합니다."

S제약회사에서 제약회사 주최의 심포지엄 제안서를 요청해왔다. 기존에 많이 진행했던 심포지엄과 차별화해서, 제약회사 자체가 브랜딩될 수 있도록 고급 이미지를 심포지엄에 담아 달라는 요구가 있었다. S제약회사는 당뇨 치료제, 신장 치료제, 희귀질환 치료제까지 많은 제품을 보유하고 있다. 기존에는 각각 사업부별로 심포지엄을 진행했는데, 이번에는 전체 사업부를 모두 아우르는 새로운 심포지엄을 선보이고 싶어 했다.

제약회사 심포지엄은 제품이 표적으로 하는 질환에 대한 강의와 제품의 최신 임상연구 리뷰, 그리고 Q&A로 이어지는 다소 밋밋한 형태가 많다. 식상한 심포지엄말고 새로운 형식에 대해 고민에 들어갔다. 컨벤션팀과 메디컬팀이 머리를 맞대고 릴레이 회의를 했다.

우리는 제품말고 질환에, 질환말고 환자에 집중하고자 했다. 환자가 가진 아픔을 이해하고, 환자를 보듬어 '환자에게 다가가는 제약회사'로 브랜딩하자는 콘셉트가 만들어졌다. 이어 환자 한 명 한 명의 목소리에 귀를 기울이는 동영상을 만들기 위해 아이디어를 모았다.

이 심포지엄에서 내가 담당했던 부분은 동영상의 시나리오 구성이었다. 질환에 대한 이해를 바탕으로 환자들이 어떠한 증상을 호소하고, 치료 과정에서 어떤 부작용으로 힘들어하는지 환자 입장에서 어려움을 토로했다. 그럼에도 치료에 희망을 놓지 않고, 치료에 임하는 그들의 힘에 대해 말하고자 했다.

간호사, 딱 3년 만 하라

동영상이 시작되면 병원 대기실에서 진료를 기다리고 있는 환자들이 쭉 보인다. 한 명씩 환자의 얼굴이 클로즈업되고 이내 그 환자의 스토리로 이어진다. 환자의 스토리가 끝나면 질환에 대한 강의가 시작되고, 강의가 끝나면 다시 대기실에 쭉 둘러앉은 환자들의 얼굴이 보인다. 힘든 투병 생활에도 꿋꿋하게 치료를 받는 환자는 희망의 끈을 놓지 않고, 이 모든 것을 진실한 마음으로 응원하는 제약회사는 신약 개발에의 염원으로 보답하겠다는 스토리를 담는다.

동영상이 끝났다. 다들 말로는 표현하지 못하는 뿌듯함이 가슴에 넘쳤다. 왜 진료를 하는지, 왜 약을 개발하는지 그 질문에 대한 대답을 얻은 듯했다. 다소 고생스럽게 준비했던 심포지엄은 우리가 무엇을 만드는 회사인지에 대한 고민을 날려버리기에 충분했다. 그 이후로도 비슷비슷한 심포지엄을 계속 만들지만 우리 가슴 속에는 환자에 대한 애정이 있음을, 따듯한 열정이 있음을 우린 기억하고 있다.

 예서 잠깐

＊의학 회의(Medical Convention)의 종류
• 국제 심포지엄(International Symposium): 전 세계 의사들이 모여 최첨단의 의학 지식과 새로운 치료 트렌드를 공유하는 국제 학회. 전공과목별로 국제내분비학회, 국제심장학회 등 다양한 학회가 해마다 세계 전역을 누비며 진행된다.
• 런칭 심포지엄(Launching Symposium/Satellite Symposium): 주로 제약회사가 마케팅 활동의 일환으로 질환의 치료 트렌드, 제품의 임상연구, 환자 치료 사례, 핵심 오피니언 리더(Key Opinion Leader)들의 견해를 공유하기 위해 만든 학술 행사. 지역별로 전공과목별로, 개원의사들을 위한 행사로 연중 수시로 진행된다.

- 개원의 학술모임(Physician Academic Meeting): 중규모, 소규모의 학술 행사. 지역 단위별로, 졸업 학교별로, 친목 단위별로 이루어진다. 작게는 6~7명이 모이는 행사부터 수십 명이 모이는 지역구별 행사까지 그 형태가 다양하다. 행사를 주최하는 측은 의사들이 흥미 있어 하는 주제로, 지속해서 행사를 이어나가기 위해 많은 고민을 한다. 개원의 연수 강좌도 여기에 포함된다.

환자의 한숨과 기대 사이. 스마트한 환자를 위하여

정보통신의 발전으로 의학 정보에 대한 접근이 쉬워졌다. 특정 분야에 관심을 가지고 조금만 신경을 쓴다면 누구나 손바닥 안에서 의학 정보를 접할 수 있다. 어디 그뿐인가? 의사 패널과 일반인 패널들이 나와 전문적인 의학 정보를 소화가 잘되게 잘게 부수어 입안에 쏙 넣어주는, '무엇이든 물어보세요' 류의 방송 프로그램은 또 얼마나 많은지, 여기저기에서 의학 정보들이 넘쳐난다. 방송이 하도 많다 보니 어떨 땐 의료인인 나에게도 어렵고 생소한 정보들을 다루는 방송을 보는 일이 적지 않다. 방송을 보는 대중들은 과연 어디까지 이해하고, 어디까지 소화할 수 있을까 하는 의문이 드는 건 나의 기우일까?

일반적인 관리가 필요한 소소한 질환이나 만성 질환에 대한 정보는 그렇다 쳐도 암이나 희귀 질환에 대한 정보 접근은 아직 쉽지 않다. 수많은 정보 중에서 나에게 맞는 정보를 찾아내기도 어렵고 겨우 찾아낸다 해도 용어 자체가 어렵고 설명이 딱딱해서 일반인들이 그 내용을 십분 이해하기는 힘들다.

여기 자신이 걸린 희귀 질환이나 암 질환에 대해 자세히 알고 싶어 하는 환자가 있다. 환자는 자신이 걸린 질환에 대한 내용뿐만 아니라 치료 받는 약물에 대해, 치료받을 수 있는 다른 약물에 대해, 치료받고 있는 약물의 부작용과 부작용 관리에 대해, 그리고 평상시 일반적인 관리 사항과 주의할 점에 대해 매우 궁금하다. 정보에의 욕구가 넘쳐난다.

제약회사는 자사의 치료제에 대한 일시적인 부작용으로, 또는 잘못된 정보 전달로 환자들이 치료 과정에 탈락되는 것을 두려워한다. 질환에 대한 일반적인 정보, 치료 약물의 효과와 부작용, 부작용 대처법에 대한 정보를 그 질환을 가진 환자들에게 올바르게 전달하기를 원한다.

이렇게 환자의 욕구와 제약회사의 니즈가 만나 서로가 원하는 것을 주고받는다. 바로 이 접점이 환자 콜센터가 탄생하는 순간이다. 환자는 자신이 사용하고 있는 약물을 제조하는 제약회사가 서비스하는 환자 콜센터에 별도의 비용 없이 무료로 가입할 수 있다. 대부분 회원제로 운영되는 콜센터에 환자가 가입하면 환자는 질환에 대해, 약물에 대해, 일반적인 관리법에 대해 전문 상담 간호사로부터 1:1 서비스를 받게 된다. 자신이 궁금한 내용에 대해 맞춤형 설명을 듣는다. 이런 서비스는 단순히 1회성으로 끝나는 것은 아니고, 첫 전화(Welcome Call)를 시작으로 질환에 따라 매주 혹은 한 달에 한 번 정도 일정한 주기를 가지고 서비스를 받는다.

환자는 또한 자신이 앓고 있는 질환의 진행 여부를 집에서 가늠해 볼 수 있는 간단한 도구를 받기도 하고, 자신의 상태를 기록할 수 있는 환자 수첩을 받기도 한다. 콜센터에 따라서는 일 년에 한 번 정도 해당 질환을 치료하는 교수님을 모시고 질환 강좌를 열기도 한다.

바야흐로 암 백신이 나오고 노화를 예방하는 유전자를 찾아내 무병장수 인생을 꿈꾸게 되었다. 이제 수술 잘하는 의사 못지않게 내 질환에 대해 친절하게 설명해주는 다정한 의사 선생님이 더욱 필요한 세상이다. 의사가 그러하지 못하다고 속상해하지 않아도 된다. 우리에겐 더 친절한 전문 상담 간호사의 서비스가 있으니까.

피임 캠페인은 가라. 와이즈 우먼이 납신다

프로젝트와 캠페인은 어떤 차이가 있을까? 마케터라면 다 아는 내용이지만 일반인들에게는 이거나 그거나 모두 비슷하게 보인다. 프로젝트는 제품의 세일즈를 단기간에 올릴 목적으로 진행하는 일회성의 프로모션이라면, 캠페인은 제품의 세일즈와는 직접적인 관계가 있을 수도 없을 수도 있지만, 특정 질환이 가지고 있는 이슈를 가지고 비교적 긴 기간 동안 운영하는 프로젝트라고 이해하면 쉽다.

질환의 이슈는 질환의 위험성일 수도 있고, 조기 검진의 중요성일 수도 있다. 혹은 특정 질환에 대해 일반인들이 갖고 있는 부정적인 인식을 개선하는 공공의 목적일 수도 있다.

유방암의 인식 개선과 치료 환자들의 후원을 위한 핑크 리본 캠페인, 전립선암의 조기 검진을 홍보하는 블루 리본 캠페인, 에이즈 환자의 인권을 보호하고 질환에 대한 오해를 줄이는 활동을 하는 레드 리본 캠페인 등이 일반인들에게도 많이 알려진 헬스케어 분야의 캠페인이다.

캠페인은 수억 원에서 수십억 원까지 꽤 많은 비용이 든다. 따라서 제

간호사, 딱 3년만 하라

약회사는 캠페인을 통해 자사의 제품 세일즈가 단기간에 눈에 보일 만큼 느는 것은 아니기 때문에 기업의 사회적 가치 실현이라는 큰 목적이 있어야 후원한다. 보통은 특정 질환의 치료제가 나오는 회사 중에서 1위 매출을 하는 회사에서 진행하는 경우가 대부분이다.

요즘은 가족이 다 함께 보는 TV에서 피임약 광고를 본다. 광고에 나오는 여성들은 자신의 행복을 위해 피임약을 선택한다며 당당히 말한다. 얼마 전까지만 해도 피임을 언급하는 것은 그 자체가 부끄러운 치부를 보이는 일이었고, 우리는 쥐도 새도 모르게 피임약을 구입해야만 했다. 청소년의 잘못된 피임약 사용은 아직 성인으로 다 자라지 못한 청소년의 몸을 망가뜨리고, 피임약을 사용하지 않아 생긴 원하지 않는 임신은 여성의 인생에 길고 큰 멍에를 지우는 일이었다. 대한민국 여성들이 아직도 피임에 대해 뒷방에서 카더라 통신을 듣고 믿어야 하는 것은 시대착오적인 행태이다. 피임을 바라보는 우리 사회의 인식부터 바꿔야 한다. 여기서 피임약 캠페인의 미션이 정해졌다. 아니 일반적인 피임약 캠페인이 아니다. '현명한 여성들의 당당한 선택, 와이즈 우먼 캠페인'이 시작되었다.

B사의 후원을 받아 대한산부인과의사회가 주최가 되고, 우리는 캠페인 주관사가 되었다. 여성들의 관심을 불러일으키기 위한 새로운 시도들이 시작되었다.

먼저 강변의 유명한 선상 카페를 빌려 유명 VJ와 잘 나가는 블로거들을 초청했다. '와이즈 우먼 파티'를 개최하여 캠페인의 서막을 알렸다. 캠페인 홍보는 파워 블로거들의 몫이다.

당시 '미녀들의 수다'라고 하는 인기 프로그램이 있었다. 외국 여성들이 한국의 문화에 대해 이런 저런 수다로 풀어내는 프로그램인데, 아무래도 피임에 대한 이야기나 에피소드는 외국 여성을 통해 전하는 것이 부담이 없겠다 판단했다. 그 프로그램에 나오는 한 외국 여성을 캠페인의 홍보대사로 임명하였다. 그녀는 캠페인 내 각종 행사에 참가하였고 외국의 사례를 생생하게 들려주었다. 그녀의 키만한 입간판을 만들어 캠페인에 참여하는 전국의 산부인과 의원 대기실에 세워 두어 많은 여성들의 눈길을 잡았다. 연속으로 보도자료를 돌렸고, 그녀의 활약은 매일 매체를 달구었다.

환자 브로슈어에도 새로운 시도가 가미되었다. 우리의 고객은 환자가 아니라 자신의 몸을 아끼는 현명한 여성이니까. 중년 여성이건 학생이건 피임에 대해 관심을 가질 수 있도록, 콘텐츠가 쉽고 재미있으면서 읽을 만한 것이여야 했다. 디자인 면에서도 전면 개혁이 필요했다. 일러스트레이터, 카피라이터와 작업을 통해 여성잡지 같은 소책자를 만들었다.

기혼 여성이라고 피임과 생리에 대해 잘 아는 것은 아니지만, 미혼 여성의 경우는 피임에 대한 지식을 얻기가 더욱 힘들다. 피임과 생리에 대해 궁금증이 있거나 생리불순 같은 질환이 있어도 막상 전문의의 의견을 듣기 위해 산부인과를 방문하는 것은 무척 어렵다. 이 캠페인을 통해 피임과 생리에 대한 정확한 의학 정보를 전달하기 위해 상담 간호사 2명으

간호사, 딱 3년만 하라

로 운영되는 상시 콜센터를 운영했다. 특별히 대학교에는 축제 기간에 부스를 설치하여 여대생들이 피임과 생리에 대한 궁금증을 즉시 해소할 수 있도록 산부인과 의사와의 상담 자리를 만들었다. 고등학생들에게는 수학능력고사가 끝나고 비교적 한가한 시간에 산부인과 의사의 특강을 학교에서 들을 수 있도록 수십 개의 고등학교에 피임과 생리 관련 교육 프로그램을 제공했다.

회사 내에서는 PR 부서, 콘텐츠 개발 부서, 프로모션 부서, 디자인 부서가 와이즈 우먼 캠페인 이름 아래 모두 모였다. 동원된 인원만 해도 수십 명이었고, 3년 동안 수십억 원의 비용이 쓰였다.

언뜻 생각하기에 제약회사는 특정 질환의 제품을 판매해서 수익을 얻으니까, 그리고 캠페인이 잘 돼서 질환 자체에 대한 인식이 높아지면 자연스럽게 그 회사 제품의 매출도 느니까, 그 정도의 돈은 쓸 수 있는 거 아닌가라고 생각할 수 있지만, 실상은 그렇지 않다.

캠페인의 효과가 실제 제품의 세일즈와 직결되는 것도 아니고, 제약회사도 이윤을 추구하는 영리 조직인데, 눈에 보이지 않는 공공의 이익을 위한 캠페인에 모든 제약회사가 돈을 쏟아 붓지는 않는다. 그 질환으로 고통받는 환자들을 위하여, 그 질환을 모르는 일반인들을 위하여, 질환 인식에 대한 캠페인이 필요하다는 개념 자체가 없다면 공공 캠페인의 출발은 애초부터 불가능하다. 오래 지속할 수 없다. 우리가 이런 기업들을 오래 기억해야 하는 이유다.

88은 왜 99를 만들었나?

너무나 유명해서 일반인들도 다 아는 전문의약품이 있다. 백혈병 치료제 '글리벡'과 발기부전 치료제 '비아그라'이다.

'비아그라'의 제품 특허가 풀려 제네릭 제품이 나오게 되었을 때의 일이다. 국내 제약사들은 어르신들께서도 제품의 이름을 잘 기억하고, 그러면서 비아그라가 가지고 있는 제품의 강한 이미지를 함께 가져갈 수 있는 네이밍을 하기 위해 많은 고심을 했다.

혹시 요즘 어르신들의 꿈이 '88하게 99살까지 살기'라는 것을 아는가?

비아그라 제네릭 제품 중의 하나인 팔팔(H약품)이라는 제품은 어르신들이 기억하기에도 좋았고, 의미 전달도 확실히 되었다. 곧장 마켓 점유율에서 1위를 찍었다. 하지만 팔팔의 폭주는 여기서 멈추지 않았다. 비아그라 계열이 아닌 다른 계열의 발기부전 치료제의 특허가 풀리면서 다시 수많은 제약회사에서 제네릭 제품이 나오게 되었다. 팔팔은 어르신들의 염원을 담아 구구(H약품)라는 제품을 다시 세상에 내놓는다. 어르신들의 기억에 쉽게 남는 것은 어찌 보면 당연한 일이었다. 이처럼 전문 의약품의 네이밍 작업은 의미 전달도 중요하지만 타깃 환자들에 대한 이해가 반드시 필요하다.

의약품의 네이밍 작업은 재미있지만 자주 있는 프로젝트는 아니다. 글로벌 제약사의 신약은 신약이 만들어진 그 나라에서 제품명을 가지고 들어오는 경우가 일반적이다. 우리나라 제약사들은 주로 카피 약이라 불리는 제네릭 제품을 많이 만들기 때문에 가지고 있는 마케팅 비용이 적고,

따라서 네이밍 작업에 큰 비용을 들이지 않는다. 회사 내부에서 사내 공모를 하거나 마케팅 부서 혹은 회사의 대표가 뚝딱 만드는 경우가 많다.

내가 진행한 네이밍 작업은 우리나라 제약사들이 만든 오리지널 제품이다. 국내 판매뿐 아니라 글로벌하게 판로를 생각해야 하기 때문에 비용을 감수해야 하는 전문 네이미스트의 손길을 필요로 했다.

첫 번째 네이밍 작업은 아토피 제품이었다. 굴지의 회사에서 작은 제약회사를 인수하여 신약을 론칭하게 되었는데, 처음 제약 파트에 진출하는 거라 제약시장에 대한 이해도 부족하고 제약 경험이 없어 헬스케어 전문 마케팅 에이전시인 우리 회사에 네이밍 작업을 의뢰하였다. 이때 처음으로 외부 네이미스트와 함께 작업했다. 그때 아마 국내에서 판매되고 있는 모든 아토피 제품들의 이름을 다 검토했던 것으로 기억한다. 네이미스트는 제품의 스토리를 잘 엮어서 법률적으로 문제가 없는 제품명을 회사 측에 제안했고, 그 회사는 OK 사인을 냈던 것으로 기억한다. 아무튼 지금쯤 그 약이 잘 팔리고 있을지 궁금하다.

의약품의 네이밍 작업은 질환 이해 → 제품 분석 → 후보안 리스팅 → 최종안 결정이라는 비교적 간단한 순서로 진행된다. 네이밍을 위한 단서는 어느 단계에서 어떻게 튀어나올지 모른다. 모든 단계를 찬찬히 훑고 지나가야 하는 이유다. 모든 작업이 네이밍을 위해 연결된다.

첫 번째, 질환 이해 단계는 네이밍 작업의 기본이자 바탕이다. 고혈압이나 당뇨병처럼 일반인들도 잘 아는 질환이라면 작업이 좀 더 쉽게 진행되지만, 혈우병이나 말단비대증 같은 희귀병이라면 이 작업부터 오랜 시간이 필요하다.

두 번째, 제품 분석 단계다. 본격적으로 제품의 특성과 장단점을 분석한다. 제품 분석을 바탕으로 제품의 아이덴티티가 구체화되고, 제품이 기존 치료 알고리즘 내에서 어떻게 포지셔닝될 것인가에 대한 큰 그림이 함께 그려진다. 지금까지 나온 제품들과는 전혀 다른 새로운 계열의 오리지널 제품인지, 오리지널 제품의 성분을 카피한 제네릭 제품인지에 따라 제품의 포지셔닝이 달라진다. 기존 제품과 어떤 점에서 차별화되는지 꼼꼼히 들여다봐야 한다. 새로운 작용 기전을 가졌는지, 새로운 제형인지, 환자의 편의성을 최대한 높여주는지 등을 해당 제품의 PM만큼 열심히 공부한다. 예를 들어 1일 3회 복용에서 1일 1회 복용으로, 1주 1회 주사에서 3달에 1회 주사로 용법이 바뀌었는지, 정제에서 필름제로 약물의 형태가 바뀌었는지 하는 변화는 매우 큰 변화다. 어떤 점에 중점을 두어 제품을 어필할지 조금씩 전략이 구체화된다.

그 외에도 고려해야 할 요소들은 많다. 제품의 주 타깃 환자 층은 누구인지, 제약회사의 이전 제품 라인은 어땠으며, 향후 파이프라인은 어떻게 되는지, 다양한 각도에서 여러 내용들이 고려된다. 이 모든 과정에서 해당 제품의 PM으로부터 대외비인 자료들을 받게 되는데, 자료에 대한 보안은 필수이다.

이제 사전 작업은 끝났다. 지금까지 분석한 모든 요인들을 고려하여, 네이밍 후보안을 만든다. 보톡스나 필러 제품이라면 고급스러운 느낌을 강조하기 위해 그리스 로마 신화에 나오는 여신들의 이름이 차출되기도

간호사, 딱 3년 만 하라

하고, 고혈압이나 고지혈증 치료제라면 강력한 효과를 어필하기 위해 센 이미지의 단어들이 차출되기도 한다. 특정 성분이나 작용 기전을 어필하기 위해 더블이나 트리플 같은 형용사가 변주되기도 한다.

몇 가지 기본 방향을 축으로 수십 개의 후보안들이 제시된다. 이 단계에서부터 향후 상표권 등록이 가능하도록 기존 제품명과의 중복 여부를 함께 검사한다. 이렇게 정리된 1차안으로 제약회사에 보고하게 되고, 이후 제약회사의 피드백을 얻어 수정작업에 들어가면서 2차안, 3차안, 최종안으로 정리해 나간다.

20여 년이 넘게 제약 마케터로 일하면서 직접 진행했던 네이밍 작업은 3~4개가 전부이다. 그것도 최근 10년 사이 한국에서 오리지널 제품을 직접 개발했기 때문에 가능했다. 현재도 국내 제약사들이 신약 개발에 많은 투자를 하고 있지만 앞으로도 계속 분발해야 한다. 그래서 우리가 만든 신약이 멋진 이름을 날개 삼아 전 세계를 누비게 되길 기대한다. 우리나라 국민뿐만 아니라 전 세계인들의 귀에도 쏙 들어오는, 한번 들으면 잊히지 않는 그런 이름으로 많은 환자들에게 건강을 선물하길 바란다.

AI 영업사원이 몰려온다

오래 전, 한 제약회사의 영업사원이 자신이 담당하는 의사의 아들, 딸에게 영어 과외, 수학 과외를 하고, 의사가 이사 가는 날 짐꾼 노릇을 했다는 보도를 본 적이 있다. 뉴스를 접한 많은 이들이 다 함께 안타까워하고 의사들의 갑질 문화를 성토했지만 비슷한 뉴스는 간간히 들려왔다. 2016

년 한 뉴스는 한 제약회사의 영업사원이 빵셔틀을 하고, 의사의 아이들을 등교시켰다고 보도하였다. 요즘은 이런 분위기를 의식해서인지 아예 영업사원을 만나지 않겠다는 의사도 생기는 분위기다.

그럼 영업사원을 만나지 않고 의사들은 제품에 대한 정보를 어디서 얻을 수 있나?

몇 년 전 재미있는 프로젝트를 진행했다.

미국과 같이 땅덩어리가 넓은 나라에서는 영업사원이 의사를 만나러 수백 킬로미터를 달려가서 제품 디테일링을 잠깐 하고 오는 것에 대해 효율성 문제를 오래 전부터 제기해 왔다. 따라서 온라인으로 제품 디테일링을 하는 것이 시스템화되어 있다고 한다. 그런 온라인 디테일링 시스템이 좁은 땅, 쉽게 영업사원을 만나는 한국에서도 과연 가능한 모델인가에 대한 의구심이 있었지만, 한 글로벌 제약사는 한국을 시범 마켓으로 프로젝트를 출발시켰다. 당시로서는 혁신적인 프로젝트였다.

그렇다면 온라인으로 제약 영업을 하게 될 때, 어떤 시스템과 준비가 필요할까?

먼저 전체 온라인 디테일링 시스템의 큰 그림이 필요하다. 어떤 제품으로 한정하여, 어떤 지역의 의사들에게, 어떤 메시지를, 어느 정도의 간격으로 몇 번이나 전달할 것인지 등에 대한 내용이다. 큰 그림이 그려지면 각 부분의 시스템을 개발한다. 기본적인 콜서비스 프로그램을 개발하고, 제품에 대한 디테일링 서비스가 이루어질 때 어떤 메시지가 팝업이 되어 짧은 시간 내에 효과적으로 메시지를 전달할 것인지, 디테일링 서비스의 기록은 어떤 방식으로 보관하고 이후 서비스에서 다시 활용할 것인지, 시스템 상에서 필요한 기능들에 대해 충분한 논의를 거쳐 시스템을 개발하게 된다.

그런 다음에 각 제품의 디테일링 메시지를 순차적으로 개발하고 온라인 디테일링 서비스의 평가 지침을 마련한다. 이와 동시에 본 서비스를 받겠다는 의사들에게 동의서를 받아 의사들의 데이터베이스를 시스템에 업로드하여 시스템 운영 시 데이터베이스가 함께 연동되도록 한다. 마지막으로 온라인 디테일링을 하게 될 스텝을 선발하여 교육하는 과정을 거친다. 스텝 선발에는 크게 두 가지 경우의 수가 있는데, 기존 영업사원들 중에서 실적이 우수한 사원을 대상으로 선발하는 경우와 간호사 같은 특별한 인원을 선발하여 제품과 디테일링 서비스를 새로 교육하는 경우가 그것이다.

이 프로젝트에서는 후자의 선발 방법을 선택했는데, 프로젝트 시작 전까지 인력을 선발하고 교육하면서 꽤 애를 먹었던 기억이 난다. 영업사원이라는 장벽도 높은데 전화를 통한 디테일링이라니 능력 있고 의욕 있는 간호사들을 선발하는 데 오랜 시간이 걸렸다.

여기서 제약 마케팅 에이전시의 역할을 규정해 보자.

첫째, 온라인 시스템 개발 업무가 있다. 회사에서는 의료팀(Medical Team)과 전산팀(IT Team) 팀원 중에서 본 프로젝트에 필요한 인원을 선발하였다. 효율적인 시스템을 위해 여러 번의 회의를 거쳐 전산팀에서 이 회사에 특화된 시스템을 개발한다. 둘째, 고객 발굴과 계약을 위한 업무가 있다.

의사들이 본 서비스를 받게 되면 어떤 혜택이 있고, 어떤 편리한 점이 있는지 자세하게 알리는 온라인, 오프라인 가입설명서, 계약서 등을 만들고 배포하는 일을 말한다.

셋째, 본 서비스에서 의사에게 전달되는 메시지를 개발하는 일, 관련 의학 정보를 어떻게 정리하고 효과적으로 전달할 것인지에 대한 업무가 있다. 넷째, 디테일링을 하게 될 스텝을 선발하여 교육하고 실제 업무에 투입시켜 관리 감독하는 업무가 있다. 이 모든 업무가 원활히 진행되어 시스템 시뮬레이션 단계에 이르면, 의사들을 모객하고 각 제품의 메시지를 1~2회 돌려 시스템의 에러를 파악하는 파일럿 기간을 거쳐 본격 서비스에 들어간다. 마지막으로 본 시스템을 평가하는 업무가 있다. 매일, 매주, 매월 보고서에는 전체 콜 수, 응답 수, 응답한 시간, 실제 디테일링 수, 의사의 반응 정도가 나오고 이를 평가, 분석하여 다시 시스템에 반영하게 된다.

한국에서는 의사가 영업사원을 만나는 것이 익숙해져 있는 상태라 새로운 시스템에 대한 반응이 어떨지, 본 서비스 시작 전부터 기대 반, 우려 반 많은 걱정들이 있었다. 과연 본 서비스를 받겠다고 하는 의사들이 있을까? 기존 제약회사와의 관계 때문에 서비스를 받겠다고는 했지만 실제로 제품 메시지를 제대로 듣지 않는 것은 아닐까? 한두 번의 서비스만 받고 중간에 서비스를 해지하지는 않을까?

하지만 우리의 걱정은 기우였다. 예상보다 시스템은 빨리 정착이 되었고, 의사들의 반응도 나쁘지 않았다. 의사 본인이 원하는 시간에, 원하는

간호사, 딱 3년 만 하라

제품에 대해, 본인이 알고 싶은 정보에 대해 깊게 접근하는 것에 의사들은 환영의 목소리를 냈다. 이는 젊은 의사들에게만 국한되지 않았고 지역별 편차도 별로 없었다. 어쩜 의사들은 제약회사보다 변화의 바람을 더 원하고 있었는지 모르겠다.

　시범 시스템은 정상 궤도에 안착했고, 이제는 앱으로도 디테일링 서비스를 제공하고 있다. 곧 머지않은 미래에는 알파고보다 더 똑똑한 AI가 의사가 필요로 하는 제품 정보를, 의사 자신이 미처 원하는지조차 몰랐던 정보를 전달해주는 날이 올 것이다. 제약회사와 의사 사이의 부정한 거래를 막으려는 정부의 규제가 점점 더 심해지고, 편하고 쉬운 정보전달 시스템을 원하는 젊은 의사들이 많아진다면 멀지 않은 미래에 서류가방을 들고 다니는 영업사원은 아주 특별한 경우에만 보게 될지도 모르겠다.

진로 탐험 6.

"마케팅이 제일 쉬웠어요"
의료기 회사 / 제약 마케터

Q. 지금 다니고 있는 직장과 하시는 일에 대해 설명해 주세요.

A. 저는 의료기기를 수입하고 유통하는 회사에서 해외마케팅 담당자로 근무하고 있습니다. 해외 거래처와의 모든 커뮤니케이션을 전담하고 있으며 주문, 발주의 단계부터 의료기기를 수입하기 위한 무역 절차를 모두 진행하고 있습니다. 그 외 국내에서의 제품 판매를 위한 제품 허가 외에도 식약처, 심평원 등의 관련 기관 응대 업무를 도맡아 진행합니다. 사실 대기업이나 큰 규모의 회사라면 업무 분장이 정확해서 직원마다 역할과 책임이 확실할 텐데, 제가 근무하는 곳은 중소기업이라 좀 특이한 케이스일 수도 있습니다.

Q. 학교를 졸업하고 지금 직장으로 들어가기까지 과정을 간단히 설명해 주시면 좋겠습니다.

A. 지금 직장은 이전 직장의 입사 동기였던 차장님의 소개로 근무하게 되었습니다. 이전 직장도 의료기기를 수입하고 유통하는 회사로, 당시 저는 창상치료(Wound Dressing) 제품의 PM으로 근무를 하고 있었고 지금과 거의 비슷한 일을 배우고 있었습니다. 저는 여느 간호학과 졸업생과

마찬가지로 국가고시를 치르고 대기 기간을 거쳐 대학병원에서 근무를 했습니다. 신규 간호사로 내과 중환자실과 외과 병동에서 근무하는 동안 많은 시행착오를 겪었습니다.

병원을 그만두고 다음 병원으로 이직했을 때는 임상 경험 외에 다른 업무 경험을 쌓을 수 있었습니다. 먼저는 수술실에서 근무하면서 새로운 부서의 일을 익혔고, 병원의 각종 행사에 준비 스텝이 되어 병원 홍보 자료를 만들면서 간호사가 환자 간호 업무 외에도 다른 업무를 할 수 있겠다는 생각을 했습니다. 이러한 경험을 토대로 간호사로서 일할 수 있는 회사를 찾아보던 중 의료전문서적 회사와 의료분야 마케팅 회사에 지원하였고 최종적으로 마케팅 회사에서 근무하게 되었습니다. 그렇게 병원이 아닌 첫 회사 생활을 시작으로 지금의 회사까지 오게 되었습니다.

Q. 제약 마케팅의 향후 전망은 어떻게 보고 계신가요?

A. 아마 각종 미디어의 뉴스 등에서 들으셨겠지만 100세 시대, 고령화 시대가 진행되면서 병원 및 제약, 의료기기 분야는 점점 더 수요가 늘어나고 커질 것으로 예상됩니다. 전망이 좋다 나쁘다까지는 제가 말씀드릴 수는 없지만, 매해 관련 외부 교육을 이수할 때마다 의료기기 수입, 제조업체 수가 늘어나고 있음을 체감합니다. 어떤 교육은 교육 신청에 아이돌 가수의 콘서트 티켓 예매에 버금가는 경쟁률을 보였습니다. 혹시라도 이쪽 업무를 희망하고 지원하실 경우에는 지원하는 회사의 규모나 취급하는 제품 등의 디테일은 정확하게 확인하고 준비하시는 게 좋

을 듯합니다.

Q. 앞으로는 어떤 꿈을 갖고 계신지 궁금합니다.

A. 일단 제가 단기적으로 목표하는 것은 RA^(허가 업무)입니다. 현재는 수입, 무역, 커뮤니케이션이 주된 업무이지만 허가 업무를 조금씩 맡아보고, 실제 외부 교육을 나가 보니 의료기기 시장에서 허가 업무를 제대로 하는 전문가가 부족하다는 것을 느낍니다.

국가에서 허가 업무 전문가를 양성하려고 준비 중이라고 합니다. 현재 있는 RA자격증 1, 2급 시험은 조만간 국가고시로 변경될 예정이구요. 그만큼 복잡하고 어렵지만 제 자신의 커리어를 위해, 또 공부하다 보니 매력을 느끼게 되어 준비하고 있습니다.

Q. 맡고 계신 주요 업무가 해외 거래처와의 커뮤니케이션이니 영어를 아주 잘하실 듯합니다. 특별히 취업을 위해 영어는 어떻게 준비했는지 말씀해 주세요.

A. 저는 해외 경험이 있는 케이스입니다. 10살 때 아버지의 전근으로 1년 남짓 유럽에서 영국 학교를 다닌 적이 있습니다. 그 후 한국으로 들어와서는 독학으로 토익, 토플을 공부했습니다. 그리고 팝송, 영화 및 미드 감상으로 듣기와 말하기를 자연스럽게 연습하고 영어를 놓지 않았습니다. 또 제가 술과 사람을 좋아해서 서울생활을 하면서는 이태원에서 외국인 친구들을 만나 계속적인 회화 공부를 했던 것이 도움이 되었습니다.

A. 제가 주로 해외 거래처에서 일하는 외국인들과 커뮤니케이션하다 보니 제 나이를 궁금해 하는 경우가 많았습니다. 보통 저희가 아는 상식으로는 나이나 결혼 유무 같은 사적인 질문을 하는 것은 예의가 아니라고 생각하지만, 몇 번씩 만나고 어느 정도 관계가 쌓이다 보니 먼저 저에게 나이를 물어보셨습니다. 그리고 항상 이야기를 들어보면 대화 중간중간 나오는 저의 개인적인 이야기들 - 이전 경력이나 학교생활 혹은 간혹 내비치는 라이프 스타일로 어렴풋이 제 나이를 열심히 유추하고 계셨더라구요. 결국에는 제가 그분들의 자제분들과 동년배라는 것까지 밝혀져 웃었던 기억이 있지만, 모두 저를 비지니스 파트너로 인정해주고 존대해주는 모습에서 감동을 받고 감사한 마음이 들었던 순간들이 많았습니다.

Q. 후배 간호대생에게 한말씀 해주신다면 어떤 이야기를 해주고 싶으세요.

A. 저는 학부 생활 때 항상 들었던 말이 '국시 치르고 편하게 직장 생활하면 되겠다, 취직 걱정은 문제없겠다'는 말이었습니다. 또 각종 봉사활동이나 외부 행사 스텝을 맡을 때에도, '넌 간호학과면서 이런 스펙을 왜 쌓아?'라는 반응들이었습니다. 물론 제가 학생 때와는 달리 지금은 시야나 생각이 많이 달라졌을 수도 있겠지만 병원, 공무원, 보건교사 외에 다른 분야에서도 간호사의 길은 다양합니다. 여러분들도 많이 경험하고, 많이 도전하면 좋을 듯합니다. 저도 계속 도전할 예정입니다.

원하는 것도, 인생의 목적도 없는 사람들에게
행복한 일은 일어나지 않는다.
행운은 그들에게서 아무 의도도 발견할 수 없기 때문에
그들 곁을 지나쳐 버린다.

탈무드

간호사, 딱 3년만 하라

회사에서 일하는 간호사

세부에서 만난 그녀

가족여행으로 필리핀의 세부를 찾았을 때였다. 함께 패키지여행을 하게 된 일행 중에 S대 병원에서 일하는 간호사가 있었다. 그이는 입사 6년차 간호사였는데, 1년에 한 번 해외여행을 통해 힘들고 숨 막히는 병원 생활의 스트레스를 달랜다 했다. 며칠 함께 여행을 하면서 자연스레 내가 간호학을 전공하고, 제약 마케터로 일을 한다는 이야기를 하게 되었다. 그 간호사는 눈을 반짝이며 내가 하는 일에 관심을 보였다. 병원 밖 세상을 몹시 동경하는 그이에게서 오래 전 내 모습을 보았다. 야무지고 똑똑해 보이는 그 친구에게 명함을 건네며 회사로 한번 찾아오라고 했다.

세부여행에서 돌아와 일상으로 복귀한 뒤 가끔 그 친구가 생각났다. 그 친구는 결국 나를 찾아오지 않았다. 그 친구처럼 가끔 제약 마케터에 관심 있어 하는 간호사들을 만나지만 실제 그들이 병원 밖으로 나오는 일은 무척 드물다. 보통 2~3년의 병원 경력이면 병원을 나오고 적응하는 것에 부담이 덜하지만, 그 기간을 넘어서면 병원을 나오는 것에도 병원 밖 세상에 적응하는 것에도 큰 부담을 느낀다.

얼마 전에 한 헤드 헌터 회사로부터 전화를 받았다. 부서에서 함께 일했던 S대리^(간호사)에 대한 평판을 조회하는 전화였다. S대리는 의료기 회사에 PM^(Product Manager)으로 지원한 터라 이전 회사의 상사였던 나에게 전화가 온 것이다. 외국계 회사에서는 평판 조회가 일상적이다. 업무 처리는 어떠했는지, 부서 내에서 다른 직원들과의 관계는 어떠했는지 소상하게 이것저것을 묻는다. 한국인의 정서로는 좋은 게 좋은 거라고, 일을 정말 못 하는 경우 빼고는 여간해서는 나쁜 이야기를 하지 않는다. 정말 추천하고 싶지 않은 경우라면 에둘러 말해준다.

"다른 팀과 협조하는 데 좀 미숙한 면이 있었어요."

"일이 좀 느린 편이었어요."

"주어진 일은 그럭저럭 했어요."

평판 조회의 주인공은 C국제병원에서 근무하다가 우리 회사에 입사해서 제약 마케팅을 처음 시작한 이였다. 임상이 아닌 마케팅 업무에는 백지인 상태였으나 일머리가 있어 하나를 가르쳐 주면 둘, 셋을 깨우쳤고, 한번 가르쳐 준 일에 대해서는 두 마디가 안 나오도록 완벽하게 처리했다. 싹싹한 성격에 재빠른 행동거지로 헬퍼로 간 이웃 부서에서 탐을 낼 정도였다. 어떤 일을 맡겨도 기대 그 이상을 해내는 친구라 내가 회사를 차린다면 꼭 데려가고 싶은 친구였는데, 나의 정확한 피드백이 그 회사의 취직으로 이어졌기를 바란다.

회사에서 일하면서 많은 간호사들을 만났다. 회사가 유명한 광고 커뮤니케이션 회사였고 업계에서 잘 나갔기 때문에 경쟁 업체에서 스카우트가 되어 오는 경우도 있었고, 마케팅의 미음자도 모르면서 구인 광고만 보고 지원하는 사람들도 있었다. 보통은 3~4년 정도 병원 경험이 있는 친구들이 상황 판단도 빠르고 일 처리도 융통성 있게 잘했다. 너무 경력이 없는 경우는 처음에 일을 배우는 데 오래 걸리기는 하지만 나쁜 습관이 몸에 밴 경우보다 훨씬 나아서 선배들의 장점을 스펀지처럼 흡수해서 재빨리 업무를 배워나갔다. 전혀 새로운 관점으로 문제를 바라보니 기존과는 다른 솔루션이 나오기도 하고, 똑 같은 일을 처리해도 새로운 방법을 시도해서 또 다른 배움을 주기도 했다.

세부에서 만난 그 간호사는 지금 어디에서 무엇을 하며 지낼까? 아직도 S대 병원에서 데이-이브닝-나이트 근무의 홍수에 빠져 있을까? 아니면 이태리 피렌체의 어느 골목길을 걸으며 병원 생활의 고단함을 위로하고 있을까? 병원에서 열심히 그리고 힘들게 일하는 모든 후배들의 모습에서 그녀를 본다. 그녀가 서울에 있든 피렌체에 있든 어느 곳에 있더라도 행복하길 바란다. 그녀가 찾은 그녀의 행복을 응원한다.

간호사 위에 간호사? 간호사 아래 간호사?

일반 직장에서는 직급이 다양하다. 평사원으로 3년에서 5년 정도 근무하면 대리가 되고, 대리에서 다시 몇 년을 근무하면 과장으로 승진한다. 과장으로 승진해서 또 몇 년 있으면 차장으로 승진하고, 그 다음은 부장 혹은 팀장 승진, 그리고 그 다음은 아주 운이 좋아야 하지만 직장인들의 꿈인 임원이 된다. 물론 이 모든 과정에는 실력과 성실이라는 기본 뒷받침이 있어야 하고, 라인과 운이라는 중간 팩터들이 있지만 어쨌거나 조직에서 살아남았을 때의 이야기다. 이제 입사한 새내기 아니 입사조차 못한 취준생에게는 사막의 오아시스처럼 들릴 수도 있지만, 그래도 올라갈 자리가 있고 바라볼 자리가 있다는 건 오늘을 버티게 하는 희망이 된다.

대형 병원 내에서 간호사 승진 적체는 무척 심하다. 25년차 학교 동기가 다른 곳도 아니고 학교 병원에서 아직도 수간호사가 되지 못하고 있다. 피라미드 구조에서 제일 위에 있는 삼각형이 엄청나게 작은 구조다. 내가 근무할 때만 해도 평간호사에서 수간호사로 승진하는데 10년이면 되었다. 그보다 앞선 10년 전에는 3년 만에 수간호사가 되는 경우도 왕왕 있었다. 신생아실 수간호사 선생님이 그랬다. 수간호사 선생님은 1년차 때는 신규 간호사였고, 2년차 때는 책임 간호사로 승진했고, 3년차 때는 수간호사가 되었다. 그리고는 20년 동안 수간호사를 하셨다. 병원에서 근무하다 결혼하면 병원을 그만두는 분위기가 대세였던 시대여서 가능했지만 지금은 꿈도 꿀 수 없는, 정말 호랑이 담배 피우던 시절의 이야기다.

일반 간호사 - 책임 간호사 - 수간호사 - 간호과장 - 간호부장 - 간호이사

간호사, 딱 3년 만 하라

로 이어지는 현재의 대형병원 내 간호 직급 체계에서는 10년 이상 평간호사를 해도 책임 간호사가 되기 힘들고, 책임 간호사를 다시 10년 이상 해도 수간호사가 되기 어렵다. 그렇기 때문에 어제 들어온 간호사나 10년이 넘은 간호사나 똑 같은 간호 업무를 수행하고, 똑 같은 기준으로 평가받으며, 똑 같은 이름으로 불린다. 다람쥐 쳇바퀴 돌 듯 한정되고 반복된 업무에 지치고 일에 대한 만족도는 떨어질 수밖에 없다.

내가 학교를 졸업하던 당시에 서울에서 취직한 동기들의 승진은 빨랐다. 서울 소재의 Big 5 병원들은 누가 대한민국에서 가장 큰 병원인가를 자랑하듯 병상 수를 계속해서 늘려가며 보란 듯이 몸집 불리기를 하던 시절이었다. 간호사는 계속 필요했고, 승진은 고속으로 이루어졌다. 성격 좋고 부지런한 내 친구는 승진 평가를 앞두고 4시간 이상 자본 적이 없다더니 A병원 입사 10년 만에 수간호사가 되었다. 좁은 승진의 문턱을 능력으로 넘은 것이다. 동기들 모두 내 일처럼 축하해줬다. 그리고 우리 모두는 그녀처럼 승진 대열에 곧 합류할 것이라 기대했다.

하지만 순진한 우리들이 몰랐던 게 있었다. 승진의 기쁨은 딱 2년뿐이었다. 2년 후에 그 친구는 수간호사 자리를 내놓아야만 했다. '수간호사 되기'보다 어려운 것이 '수간호사로 버티기'였다. 그 친구는 어느 날 아침 계급장을 떼고, 외래에서 일반 평간호사들과 함께 근무하게 되었다. 승진해야 할 대상이 차고 넘쳐나다 보니 눈에 보이게 보이지 않게 권력의 암투가 행해지고 있었고, 수간호사가 된 후에도 일만 하던 친구는 계속 일만 하는 자리로 밀려나게 되었던 것이다.

아무튼 그렇게 십수 년 근무해야 될 수 있는 책임 간호사의 자리, 다시 책임 간호사로서 십수 년을 근무해야 어쩌면 될 수도 있는 수간호사의 자리는 정말 대단한 사람들만 올라가는 사다리다. 하늘 같은 책임 간호사, 하느님 같은 수간호사, 적어도 병원밥을 먹고 있는 간호사들은 그 자리의 대단함을 안다.

하지만 밀레니얼 세대라 불리는 요즘 간호사들도 그렇게 생각할까? 밀레니얼 세대들이 가진 특징 중의 하나는 셈이 빠르고 워라밸을 중시한다는 거다. 그들은 안다. 병원에서 십수 년 근무하기도 쉽지 않지만, 그 기간 동안 다른 이들보다 더 나은 퍼포먼스를 내는 것은 더 쉽지 않다는 걸. 책임 간호사, 수간호사 자리는 손을 뻗어서는 도저히 닿을 수 없는 별과 같은 존재고 그래서 그들에게는 맛이 없는 신포도 그 이상도 이하도 아니라는 걸.

그렇다. 꼭 십수 년을 근무해서 책임 간호사가 되는 것, 수간호사가 되는 것만이 다는 아니다. 근무하는 동안 만족감을 느끼고, 전문가로 존중을 받는다면 근무의 연수는 그리 중요하지 않을 것이다. 만족감 위에, 전문가로서의 자긍심 위에 내가 일개 직장인으로 더 근무할 것인가 말 것인가가 결정된다.

요즘 간호사들이 행복하게 병원생활을 잘하려면 어떤 장치들이 필요할까? 52시간 근무제가 정착되고, 휴가를 내는 것에 있어 눈치를 봐야 하는 분위기가 많이 개선되었지만 포도는 아직 너무도 먼 곳에 있다. 포도가 손이 닿을 수 있는 위치에 있어야 여우들이 포도를 따기 위해 뜀뛰기를 할 것이다. 꼭 포도가 아니어도 좋다. 자두, 복숭아, 사과가 보여야 자두의 맛을 알고 복숭아의 맛을 알아, 그것을 따려고 노력이란 것을 할 게 아닌가?

간호사 위에 간호사가 아니라 간호사 옆에 간호사가 있어야 한다. 병원 내에서건 병원 밖에서건 이 분야 저 분야로 다양하게 간호사들이 진출하여 저마다의 전문성을 발휘할 수 있어야 간호사가 행복해진다. 간호사 아래 간호사가 아니라 간호직이라는 기본 소양 위에 자신만의 색깔을 더해 개개인이 전문가가 되는 사회가 우리가 원하는 세상, 아롱이다롱이 색색의 무지개가 피는 아름다운 세상이다. 그런 아름다운 세상에서 간호학이라는 학문은 우리 인생의 무기가 되어 우리의 삶을 더욱 빛나게 만들어 줄 것이다. 앞선 길을 간 간호사 선배는 뒤에 따라 오는 간호사 후배를 위해 길가의 잡초를 뽑고 길을 평평하게 하도록 힘을 모을 것이다. 나는 너다. 너는 나다, 우리는 모두 너가 될 것이고 나가 될 것이다.

어떤 간호사가 회사에서 오래 살아남는가?

오길비 헬스월드를 거쳐 맥켄 헬스(McCANN Health)라는 회사로 자리를 옮겼다. 오길비 헬스월드가 글로벌 커뮤니케이션 회사 오길비 그룹 내 헬스케어 부문 회사라면, 맥켄 헬스는 글로벌 커뮤니케이션 회사 맥켄(McCANN)그룹 내 헬스케어 부문 회사이다. 다시 몇 년을 근무하다 GH Korea Health라고 하는 국내 에이전시로 둥지를 옮겼다. 회사 이름만 바뀌었지 내가 하는 일은 똑같았다. 조금씩 고객사가 오버랩되었고, 조금씩 프로그램이 고객사에 맞게 맞춤 서비스되었다. 그러면서 메디컬팀 전체를 총괄하는 자리에 올랐다.

부서장이 되면 부서 전체의 1년 매출 목표를 부여받는다. 부여받은 목표는 어떻게 해서든 달성해야 한다. 할 수 있는 전략과 전술은 모두 가져온다. 새로운 고객을 발굴하기도 하고, 새로운 비즈니스 모델을 개발하기도 한다. 팀원을 새로 충원하기도 하고, 기존 직원들을 평가해서 업무 분장을 새로 하기도 한다. 팀원들 개개인의 역량을 최대한 끌어올리기 위해 교육을 하고, 코칭을 한다.

짧지 않은 직장 생활을 하는 동안 직원에게 직접 퇴사를 권유한 경우는 딱 한 번 있었다. 회사에 다니는 것을 무척 행복해하던 친구였는데 덜렁덜렁한 성격이 편집 업무에 전혀 맞지 않았다. 주로 의사들이 보는 제품 브로슈어나 환자들을 위한 질환 책자 등을 만드는 업무를 담당했는데, 1차 편집본에서 수정사항 10개를 알려주면 그 10개 중에 절반만 수정해오는 식이었다. 다시 수정사항을 알려주고 편집본을 가져오라고 하면 그 다섯 개 중에서 2개만 수정해 오고, 다시 5개의 새로운 수정사항이 발생했다. 편집 작업은 시간과의 싸움인데 일을 해도 해도 끝이 나지 않았다. 본인이 일을 해서 일이 줄어드는 것보다 사소한 실수들로 일이 점점 늘어나는 형국이었다. 일의 진도는 안 나가고 작업을 진행하는 그 친구나 작업을 감독하는 나나 지쳐만 갔다. 결국 6개월의 인턴십을 끝내고 계약을 종료했다.

한 번은 직원 충원이 급해서 면접 점수가 만족스럽지 않은 지원자를 뽑

간호사, 딱 3년 만 하라

았다가 낭패를 본 적이 있다. 면접 시간에 늦어 헐레벌떡 뛰어온 것까지
는 좋은데 지원자의 머리는 도대체 언제 감은 것인지 알 수 없을 정도였
다. 머리카락은 여기저기 엉켜 있고, 양복 어깨에는 비듬이 잔뜩 떨어져
있어서 마주 앉은 나에게까지 머리 냄새가 나는 것처럼 느껴졌다. 내가
면접 점수를 나쁘게 줬던 것은 이유가 있다.

　면접은 면접 보는 사람의 시간 개념과 성실성을 엿볼 수 있는 단초라고
생각한다. 그리고 외모에 대한 평가는 미남미녀를 뽑겠다는 것이 아니라
기본적으로 자기 관리를 하는 사람을 뽑겠다는 것이다. 업무상 다양한
사람을 만나야 하고 결국은 자신의 작업물로 평가를 받아야 하는 직업인
데, 기본적인 자기 관리가 되지 않은 직원은 자기가 만드는 작업물에 대
한 기대 수준이 낮을 것이라는 게 나의 오랜 경험에서 나온 평가 기준이
었다. 하지만 출신 학교가 좋았고 이전 직장에서 메디컬 콘텐츠를 개발
하고 편집하는 업무를 진행했던 터라 퇴사자의 공백을 채우기 위해 회사
대표님의 결정으로 급하게 채용했다.

　나쁜 예감은 틀리지 않았다. 업무의 진척 상황은 제대로 보고하지도 않
았고, 병원을 다녀온다면서 몇 시간씩 말도 없이 사라졌다. 본인 임의대
로 고객사와의 약속을 미루고, 근무시간 내내 이 부서 저 부서를 기웃거
리며 회사에 대한 불만사항을 말하며 툴툴거리기 일쑤였다. 여러 업무에
서 펑크를 냈고, 돌아가는 정황을 보고 사직을 하는 것이 맞겠다고 판단
한 그 직원은 결국 사표를 내게 되었다. 하지만 그 과정에서도 모두가 편
치 않았다. 회사의 문제점을 조목조목 나열하여 HR 부서 이사와 회사 대

표에게 직접 메일로 전달하는 남다른 열의(?)를 과시했다. 회사는 퇴사하면서까지 사고를 치지 않을까 조마조마했고, 더 큰 사고를 내지 않은 것으로 안도의 한숨을 쉬어야 했다.

물론 야무지고 일 잘하는 직원들도 많았다. 세상에 대한 호기심으로 큰 눈을 반짝이는 J대리는 열정의 대명사로 기억한다. 밤새 해외 자료를 찾고 또 찾아 제약회사 PM의 입이 떡 벌어지게 새로운 아이디어를 구체화시켜 프로그램을 구상했다. 그리고 프로그램에 대해 이해하기 쉽도록 인포그래픽 형태로 제안했다. 누가 봐도 3~4시간 잔 사람이라고는 믿기지 않을 만큼 미팅에 적극적으로 임하는 그녀에게 고객은 만족을 넘어 감동이라며 엄지척을 날렸고, 프로젝트가 확정되어 업무가 시작되면 전적으로 그녀를 믿고 프로젝트를 맡겼다. 결국 J대리는 30대 초반이라는 어린 나이에 회사를 차려서 독립을 했고, 독립을 해서도 승승장구 잘 나갔다.

열정의 대명사가 J대리라면 성실함의 대명사는 J차장이다. J차장은 병원 임상 근무를 거쳐 임상시험을 관리하는 CRC(Clinical Research Coordinator)로 근무하다 제약 마케팅 쪽으로 넘어온 케이스였다. 이전의 직장 경험이 있어서인지 업무 파악이 빨랐고, 무엇보다 고객사의 마음을 십분 이해하여 진심을 다해 업무를 진행했다. 한 번은 군대에 있는 입소자들의 백신 접종 사업 지원을 위해 간호사들을 군대에 파견하는 사업을 몇 년간 진행한 적이 있다.

J차장은 그 업무의 담당자였는데 한 달에 5~6번을 군대가 있는 논산과 의정부, 춘천으로 지원을 나갔다. 부대로 바로 출근하는 계약직 간호사

들의 출퇴근 시간을 확인하고, 근무 시간 동안 제대로 업무를 수행하는지 관리 감독하며, 프로젝트를 안정적으로 진행하기 위해 군대 내에 있는 간호장교들과 좋은 관계를 유지하는 것이 J차장의 주 업무였다. 아마 어린 친구나 자기 욕심만 챙기는 직원이었다면 오랫동안 그 업무를 해내지 못했을 거다. 부대 내 간호장교들에게서 좋은 평판을 얻었고, 무엇보다 고객사로부터의 깊은 신임을 얻었다. 자기 자리에서 자기 할 일을 묵묵히 하는 겸손하고 예의 바른 친구, 내가 제일 좋아하는 후배이다.

불성실하고 정직하지 못한 직원들도 많다. 그중 간호사들도 있었다. 대한내과개원의협의회와 고지혈증 캠페인, 고혈압 캠페인을 진행할 때의 이야기다. 캠페인은 2~3개월 안에 전국 수백 개의 내과의원에서 동시다발적으로 진행해야 하기 때문에, 10명에서 20명 정도의 간호사들을 한시적으로 구인해서 진행한다.

간호사들은 주로 환자 상담 업무를 맡는데, 본사에서 매일 전국 의원에 출근하는 간호사의 출퇴근 시간을 확인할 수가 없다. 캠페인에 들어가기 전에 출퇴근의 중요성에 대해 교육하고 패널티에 대한 규정을 알린 다음, 그다음은 상담 간호사들의 양심을 믿을 수밖에 없다. 캠페인에 참여하는 내과의원들의 사정은 정말 다양하다. 가끔 지방에 있는 일부 의원들은 요일에 따라 오후가 되면 손에 꼽을 정도로 환자가 없는 경우가 있다.

의원 원장님들이나 그곳 간호사들은(실제로는 간호조무사들이 많이 근무한다) 캠페인 상담 간호사들에게 환자가 없으니 그만 퇴근하라고 권유한다. 그럴 경우 여러분이라면 어떻게 할 것인가? 캠페인을 총괄하는 회사에서는 근태 시간을 무척 강조했고 실제 캠페인을 진행하는 내과에서는 환자가 없어 눈치가 보일 정도라면, 과연 퇴근을 해도 되는 것일까?

보통 그럴 경우 대부분의 상담 간호사들은 우리 회사의 캠페인 담당 수퍼바이저(Supervisor)에게 전화를 걸어 사정을 말하고 퇴근해도 되냐고 물어본다. 사정을 들은 회사의 담당자는 당연히 퇴근해도 좋다고 말한다. 환자가 없으니 당연한 조치다.

그런데 어떤 상담 간호사는 캠페인이 진행되는 2~3개월 동안 빨리 퇴근해도 되냐는 전화를 단 한 번도 하지 않았다. 그러다가 캠페인이 모두 끝나고 간호사들이 사용한 영수증을 비용처리하다가 확인하게 되었다. 톨게이트 영수증을 보면 간호사들이 퇴근한 시간을 대략 유추해 볼 수 있는데, 퇴근시간보다 2~3시간 일찍 톨게이트를 통과한 영수증이 여러 장 발견되었다. 그 영수증을 제출한 간호사는 그 날 정시 퇴근임을 회사에 보고한 상태였다. 가슴 아래로 뭐가 철렁 내려앉는다. 그 간호사가 보고한 캠페인 내용이 하나부터 열까지 다 의심이 간다. 그래도 큰 사고 없이 캠페인을 마무리한 게 어디냐며 캠페인 담당 수퍼바이저와 애써 위로하지만 어딘지 모르게 씁쓸하다. 우리의 진심은 간호사의 진심과 어떻게 다른가? 진심은 진심이 되어 통하지 않는 건가?

간호사가 마음먹고 속이자 하면 내부에서 아무리 눈에 불을 켜고 살펴도 당해낼 재간이 없다. 한 명의 도둑을 열 명의 경찰이 못 잡는다 하지 않았는가. 하지만 그거 아는가? 아주 작은 거라도 결국은 관리하는 사람이 다 알게 된다. 본인만 모르고 잠시 우쭐했을 뿐이다.

　회사는 열정적인 사람을 원한다. 하지만 열정 이전에 성실한 사람을 원한다. 성실함이 부족하지만 열정이 차고 넘친다면 직장 경험은 짧게 하고 창업하기를 추천한다. 물론 직장생활을 하는 동안은 그대의 열정으로 주위의 사람들에게 많은 영감과 에너지를 줄 것이다. 반짝반짝 빛나는 아이디어로 업무에 활력을 더해줄 것이다. 열정은 평범하지만 성실함만큼은 남부럽지 않다 자부한다면 그대는 회사가 바짓가랑이를 붙잡을 것이다. 성실함으로 채운 그대의 시간들은 머지않아 그대를 전문가로, 열정가로 만들어 줄 것이기 때문이다.

간호학 is 뭔들

　스마트폰 시장은 제약 마케팅 시장에도 큰 변화를 가져왔다. 여기저기서 어플 제작을 해달라고 SOS를 보낸다. 의사를 위한 어플, 제약회사 영업사원을 위한 어플, 환자를 위한 어플, 대상에 따라 목적에 따라 다양한 어플이 개발된다. 때론 영업사원이 사용하는 태블릿 PC에 들어갈 프로그램을, 때론 병원 로비에 세울 터치 스크린에 들어갈 프로그램을, 때론 의사들의 핸드폰에 들어갈 어플을 만들기도 한다.

　이런 작업을 진행할 때는 주로 두 가지 방법으로 접근한다. 첫째는 마케팅 전공자가 필요한 프로그램 전체를 기획하여 이를 IT 개발자에게 의뢰하는 것이고, 두번째는 IT 프로그램을 개발할 수 있는 사람이 첫 단계에서부터 고객사의 니즈를 듣고 프로그램을 기획, 개발하는 것이다. 두 경우 모두 일장일단이 있다.

마찬가지로 제약 마케팅에 접근하는 방법도 두 가지가 있다. 하나는 마케팅을 베이스로 하는 사람이 의학 정보를 숙지하여 제약 마케팅을 하는 것과 또 하나는 의학, 약학, 간호학과 같이 의학 정보를 베이스로 하는 사람이 마케팅을 배워 제약 마케팅을 하는 것이다. 여기에도 모두 일장일단이 있다.

나의 경우는 두 번째 경우이다. 이럴 경우 처음 일을 시작할 때는 일을 재미있어 하고 열심히 배우는데, 프로젝트 전체 그림에 대한 이해가 부족하다 보니 자신의 업무에 프라이드를 갖지 못하고 허드렛일만 한다는 생각을 가질 수 있다. 어느 정도 일이 숙련되어 전체 프로젝트에서 자신의 업무가 차지하는 비중을 알기 전까지 세부 업무가 전체 프로젝트에서 어떤 역할을 하는지, 프로젝트가 전체 제약 시장에 어떠한 영향을 미치는지 팀의 리더는 직원에게 반드시 알려 줄 필요가 있다. 그렇지 않으면 업무에 대한 자신감을 갖지 못하고 일에 대한 회의를 빨리 느낀다. 그렇게 되면 업무 몰입도가 떨어져서 사소한 실수를 하기도 하고, 1~2년 정도 업무를 하다 회사를 떠나는 경우가 종종 발생한다. 개인으로서도 회사로서도 아쉬운 대목이다.

누구나 올챙이 시절이 있다. 올챙이 시절에는 올챙이의 업무를 완벽하게 익혀야 한다. 그래야 개구리가 되어서 개구리의 업무를 배울 때 모든 업무를 마스터할 수 있다. 또한 지금 올챙이라도 곧 개구리가 된다는 것을 잊어서는 안 된다. AM$^{(Assistant\ Manager)}$로서 업무 역량을 키우는 동시

간호사, 딱 3년 만 하라

에 제약 마케터로서의 비전을 가져야 한다. 회사는 전체 헬스케어 시장의 비전과 전반적인 마케팅 이론 교육을 지속적으로 실시하여 자신이 맡고 있는 일에 대한 긍지를 높여주어야 한다. 일에 대한 의미와 가치를 알아야 흔들리지 않고 나아갈 수 있다. 아니 흔들리면서도 나아갈 수 있다. 개인의 가치와 비전을 회사의 가치와 비전에서 찾을 수 있어야 즐겁게, 의미 있게 회사생활을 이어갈 수 있다. 이는 제약 마케터뿐만이 아니라 모든 직장인들에게도 해당되는 말이다.

이제 간호학 전공자가 제약 마케터가 될 때 얻게 되는 장점을 구체적으로 살펴보자.

첫째, 간호사는 병원 환경에 대한 이해가 높다. 따라서 다양한 이해관계자가 서로의 이해관계 속에 단단히 얽혀 있음을 인지하고 병원 환경이 가지는 제약을 이해한다. 프로그램 기획 단계에서 새로운 시각으로 접근을 시도할 수 있다. 임상 경험자가 가질 수 있는 큰 장점이다.

간호학 전공자가 제약 마케터가 될 때의 장점 두 번째, 간호사는 질환에 대한 이해가 높다. 제약 마케터로서 당연한 거라 생각하겠지만, 일반 전공자가 의학 영어를 익히면서 질환에 대해 공부하고 제품에 대해 공부를 할 때, 간호사 출신 제약 마케터는 이 부분에서 시간을 절약할 수 있다. 더 깊게 질환에 대해 공부하고 제품 이해 단계로 바로 점핑할 수 있다. 일반 마케터가 놓칠 수 있는 부분도 더 세심히 살필 수 있다.

세 번째, 간호학 전공 제약 마케터는 의사에 대한 이해도가 높다. 의사가 병원에서 얼마나 바쁜지, 하루 24시간을 어떻게 쪼개가며 환자를 돌보는지, 환자를 돌보는 업무 이외에 어떤 업무를 하는지에 대한 이해가 있다. 의사가 실제적으로 원하는 프로그램은 무엇인지, 환자에게 제공하는 서비스가 궁극적으로 의사에게는 어떤 도움을 주는지를 이해할 수 있다. 제약회사에서 만드는 프로그램이 제공자 입장만을 보여주는 프로그램이 되지 않으려면 어떤 부분에 디테일이 있어야 하는지에 대해 한발 더 들어가 고민할 수 있다.

마지막으로 간호학 전공 제약 마케터는 환자에 대한 이해가 남다르다. 마케팅을 하는 사람은 마케팅이라는 한계를 넘어야 한다. 이번 마케팅 전략이, 이번 마케팅 활동이 궁극적으로 환자에게 어떤 도움이 되는지를 반드시 생각해야 한다. 결국 제약 마케팅이란 것도 일반 의약품이든, 전문 의약품이든 최종 소비자는 환자이다.

때문에 환자가 현재 어떤 상황에 처해있고 어떤 고민을 하는지, 어떤 욕구를 가지고 있는지에 대한 이해가 있으면 환자가 원하는 프로그램을 만들 수 있다. 그렇게 만들어진 프로그램은 환자에 밀착되어 안정적으로 지속적으로 운영될 수 있다. 마케터를 위한 프로그램이 아니라 환자가 원하는 맞춤형 프로그램이 만들어지는 것이다.

이런 많은 장점을 가지고 제약 마케팅 업무를 시작하더라도 이 분야에서 살아남아 스페셜리스트가 되기 위해서는 각 단계마다 적절한 교육과 코칭이 필요하다. 사원·대리급 단계, 과·차장 단계, 부장·이사급 단계별로 각각 발휘해야 할 업무 역량이 다르며, 서로 다른 비전 설정과 전략 수립이 필요하다. 지속적으로 커리어 개발을 위해 회사 차원의 지원이 필요한 이유다.

　임상에서, 회사에서 많은 간호사를 만났다. 그들 대부분은 성실하고 책임감이 있으며 누구보다 뜨거운 가슴을 가졌다. 내일을 위한 준비에 게으르지 않고, 그렇다고 내일을 위해 오늘을 희생하지도 않는다. 선배를 존경하며, 후배를 존중하고, 환자에 대한 사랑을 늘 가슴에 품고 있다. 간호사들이 그들이 가진 많은 장점에 더해 마케터로서 전문성을 갖기를 바란다. 제약 마케팅 업무가 재미있고 폼 나는 일이며, 의미 있고 사회에 기여할 수 있는 일임을 기억하길 바란다. 더 넓은 세상에서 자유롭게 날기를 희망한다.

"아주 깐깐하게 봅니다"
건강보험심사평가원 / 심사직 간호사

Q. 지금 하고 계신 업무에 대해 설명해 주세요.

A. 건강보험심사평가원(이하 심평원)이라는 회사에서 심사직 업무를 하고 있습니다. 요양기관 즉, 의료기관은 환자를 진료한 후 심평원에 진료비를 청구하는데, 저희는 청구된 진료 내역이 의학적으로 타당한지, 적정한 진료를 실시했는지 여부를 판단합니다. 때로는 문제점이 있는 요양기관을 직접 방문하여 계도하는 일도 합니다.

Q. 어떻게 심평원에서 근무하게 되셨나요?

A. 심평원 전에 근무하던 곳은 병원이었습니다. 첫 번째 병원에서 4년 반을, 두 번째 병원에서 3년을, 두 군데 모두 수술실에서 근무했습니다. 수술실은 당직 근무가 제법 있습니다. 상근직이면서 경력을 바탕으로 지원할 수 있는 곳을 찾다가 심평원에서 심사직 간호사를 구한다는 공고를 보고 지원하게 되었습니다.

Q. 심평원 채용 과정은 어떻게 진행되나요?

A. 공공기관 블라인드 채용에 따라 심평원 역시 블라인드 채용을 실시

하고 있습니다. 1차는 서류심사, 2차는 필기시험, 3차는 면접 심사의 총 3단계 전형으로 치러집니다.

Q. '보험심사관리사'라는 자격증이 있던데, 이런 자격증은 심평원에 입사하는 데 도움이 되나요?

A. 입사 동기나 선배님들을 보면 자격증 없는 분이 더 많습니다. 입사의 필수 조건은 아닌 듯합니다. 하지만 자격증이 하나라도 더 있다면 플러스 요인이 될 수는 있습니다.

Q. 일을 하면서 일에 대해 보람을 느낄 때는 언제인가요?

A. 이따금 의료기관에서 청구방법이나 심사기준 등에 대해 문의를 해 옵니다. 그때 제가 한 답변에 대해 의료기관에서 만족할 때 기분이 매우 좋습니다.

Q. 심사직 간호사의 향후 전망은 어떤가요?

A. 보험 심사 업무 자체는 더 많은 부분이 전산화될 것으로 생각합니다. 단순한 1차 심사보다는 분석 심사나 기관 심사 같은 보다 세분화되고 전문적인 부분에서 심사자의 역할이 커질 것으로 기대합니다.

Q. 심평원에서 일을 하려면 어떤 경험이나 전문 지식이 도움이 될까요?

A. 심평원에는 다양한 부서가 존재하고, 하는 업무 또한 다양합니다.

심사직으로 입사하지만 발령받는 부서에 따라 맡겨지는 업무는 천차만별입니다. 심사직으로 입사하려면 기본적으로 임상 경력이 최소 1년 이상은 되어야 합니다. 평가원에 들어와서 교육이나 멘토링 등을 통해 배우는 부분도 상당합니다. 저는 해당이 안 되지만 동료 중에는 '보험심사전문간호사' 자격증을 취득한 분도 있었고, 대학원 등에서 보건 통계나 정책 등을 수학하신 분이 있는데, 그분들은 관련부서로 갈 가능성이 높습니다.

Q. 간호대생이나 전직을 원하는 간호사들에게 어떤 말씀을 해주고 싶으신가요?

A. 저는 간호대생일 때 무조건 졸업하면 병원에 가는 게 최종목표라고 생각했습니다. 하지만 늦은 나이에 회사에 입사하니 굉장히 다양한 경력을 가진 간호사들을 만날 수 있었습니다. 왜 병원이란 곳밖에 내 자리가 없다고 생각했을까? 좀 더 일찍 다른 곳으로 눈을 돌렸으면 좋았을 걸 하는 생각을 하게 되었습니다. 병원에서의 임상 경력도 중요하지만 몇 년 일하고 난 뒤에는 다양한 분야로 진출할 수 있다는 걸 많은 분들이 기억했으면 좋겠습니다.

Chapter III

코치가 된 김 쌤

어떤 것을 잘하기 위해서는 첫 번째로 사랑,
두 번째로 테크닉이 필요하다.
우리는 평균적으로 좋은 테크니션이 되도록 만들어졌다.
이제 질문은 우리가 얼마나 '사랑' 하는 일을 하는가에 남겨지겠다.

안토니오 가우디

01
진로 강사가 되었어요!

청소년 친구들과 꿈을 찾아요

간호학과를 졸업하고 동기들이 가지 않는 길을 걸었다. 열심히 설명해도 잘 이해하지 못하는 친구들이 섭섭했던 순간도 있었지만, 일 자체의 즐거움이나 보람에 대해서는 다시 생각할 필요가 없을 만큼 내게는 맞춤이었다.

오랜 기간 일을 했지만 똑 같은 프로젝트는 없었다. 업계 사정은 그때그때 달랐고, 각 제품이 가지고 있는 장단점 또한 매번 달랐다. 시장의 상황을 고려하여 프로젝트는 매번 변신했다. 의사들과 하는 자문회의, 편집회의도 조금씩 모습을 달리하며 제약회사가 원하는 큰 그림 아래 세부 스케치를 그려나갔다. 다양한 프로그램을 통해 환자들과 만나면서 일에 대한 보람은 커졌고, 나의 전문성은 특화되었다.

20년 넘게 한 업계에 종사하니 회사에서 높은 자리에 올랐다. 물론 예전처럼 높은 자리라고 해서 관리 업무만 하지 않는다. 일은 일대로 하고, 실무자를 관리하고 평가하는 업무가 더 추가된다. 전체 프로젝트를 총괄 지휘하며, 모든 업무에 책임을 진다. 프로젝트를 제안하는 단계부터 참여하고 마지막 보고서가 나가는 순간까지 긴장을 놓칠 수 없다. 게다가 이제는 회사 내 정치도 해야 한다. 회사에서 성지를 잘해 자리에서 오래 버티거나 그도 아니면 회사를 차려 독립하는 수순이 남았다.

하지만 회사를 차리고 싶지도 않았고, 노땅으로 회사에 남고 싶지도 않았다. 이만하면 할 만큼 했다는 생각이 들었다. 아이는 중학생이 되었고, 엄마 노릇 제대로 하며 지금부터는 우아하게 살아보자 싶었다. 마지막으로 내는 사직서라 생각하니 여러 감정이 교차했다. 그리고 나에게 선물 같은 긴 휴식기간이 주어졌다.

다양한 취미생활이 내 일상의 중심이 되었다. 아침마다 한강을 걷고, 수영강습을 받았다. 줌바 댄스 강좌에 등록해서 요즘 유행하는 아이돌 댄스를 배우고, 시에서 하는 전통장 강좌에 참석해서 메주 만드는 법을 배우고, 직접 된장, 고추장을 담갔다. 아이 친구 엄마로 눈인사만 나누던 지인들과 좀 더 깊은 교류를 하고, 아이의 공부에 신경을 썼다. 집안 여기저기를 손보고 일상을 바쁘게 꾸몄다.

그러나 잠시였다. 20년 직장생활 동안 반복되었던 9 To 6의 관성은 내 뼛속 깊이 꼼지락 DNA를 심어놓았다. 아침부터 회의를 하고 고객사 미팅으로 분주하게 다니던 날들이 그리워졌다. 아무리 바쁘게 살아도 시간은 펑펑 남아돌았고, 우울증이 이래서 생기는구나 싶게 일상이 무기력해졌다.

다행히 기회가 왔다. 시에서 진행하는 진로 강사 양성 프로그램에 참여하게 되었고, 관내 학생들의 진로 프로그램을 개발, 보급하는 시교육청 산하 인재육성 지원센터의 진로 강사가 되었다. 관내 초등학교, 중학교, 고등학교에 나가 아이들의 진로 수업을 하게 되었다.

학교 내 진로 교육은 진로진학상담교사가 배치된 2010년 이후로 진로 교육법이 통과되었고, 중학교 '자유학기제'가 전면 시행 단계를 거쳐 '자유학년제'로 확대되면서 진로 교육 내 진로 체험이 점차 확대되는 방향으로 진화하였다. 진로 수업은 일반적으로 진로 인식, 진로 탐색, 진로 설계라는 3단계로 이루어진다. 내가 하는 진로 수업은 주로 진로 인식 수업과 진로 탐색 수업이다.

진로 인식 수업에는 자기 인식 수업이 있고, 진로 탐색 수업에는 체험처 방문 수업과 전문 직업인 수업 등이 있다. 아무래도 체험처 방문 수업이 요즘 제일 핫하다. '핫하다'는 의미는 학생들의 호응과 만족도가 높다는 말이다. 직접 학생들이 동물병원이나 미용실, 약국 등을 방문하여 전문 직업인이 실제 어떤 환경에서 어떠한 일을 하는지 직접 보고 듣는 체험을 한다.

그다음 인기 있는 수업은 전문 직업인 강의다. 전문 직업인이 학교를 방문해서 그 직업에 관심 있는 학생들을 대상으로 그 직업인이 되기 위해 어떤 공부를 해야 하는지, 어떤 준비가 필요한지, 직업인이 현장에서 겪게 되는 어려움을 강의와 질의응답을 통해 알려준다. 아무래도 실제 그 일을 하는 분들에게 직접 듣는 수업이라 좀 더 현장감이 있고, 구체적이고 현실적인 도움을 얻을 수 있는 부분이 많아 학생과 학교 모두 선호한다. 요즘 중학교에서 인기가 있는 직업은 유튜브 크리에이터나 래퍼, 배우 등이고, 고등학교에서는 대학 전공 선택이 얼마 남지 않은 시점이라 좀 더 현실적인 직업들 예를 들면 재부 상담사나, 심리 상남가, 제약 마케터 등이 인기가 있다. 많은 설문조사에서도 나오듯이 간호사에 대해서는 중학교, 고등학교 모두에서 인기가 있다.

내가 진로 탐색 수업에서 강의하는 파트는 '간호사'와 '제약 마케터'다. 수업에서 학생들에게 가장 많이 받는 질문은 간호사가 되면 진짜 취직이 잘 되는지, 제약 마케터가 되면 돈은 얼마나 많이 버는지에 대해서다. 처음에는 제약 마케터에 대해서 막연히 생각하던 학생들이 2시간의 수업이 끝날 무렵에는 마케팅에 대해 이해하고, 마케팅 전략을 어떤 큰 그림 아래서 짜야 하는지를 알게 된다. 제약 마케팅을 단순히 약을 잘 팔기 위한 판촉 활동이 아니라 인류의 건강과 행복에 기여하는, 많은 사람들의 건강한 인식 개선에 도움을 주는 활동으로 이해하게 된다. 체험 활동은 우리가 평소 자주 접하는 일반 의약품 하나를 정해 광고 콘셉트를 잡아보는 활동을 주로 한다. SWOT 분석을 통해 제품을 제대로 들여다보고, 시장 상황을 분석한 다음 마케팅 전략을 세우고, 광고 콘셉트를 만들어 가는 과정에서 친구들의 눈망울이 반짝반짝 빛난다.

"선생님, 저 제약 마케터가 되고 싶어요."

간호사, 딱 3년만 하라

"제약 마케터가 되려면, 어떤 전공을 선택해야 하나요?"

2시간의 수업이 끝나고 아이들은 진짜 제약 마케터에 관심을 가진다. 이제 집으로 돌아가면 TV 속 의약품 광고가, 지자체나 정부에서 하는 공익광고가 눈에 들어올 것이다. 아는 만큼 보인다고 하지 않았던가. 아이들은 제약 마케터를 알게 되었고, 지금까지 그냥 지나치던 CF가 마케터가 고생고생해서 만든 산물임을 인식하고 보게 될 거다. 제약 마케터를 넘어 마케터가 어떤 일을 하는지, 마케터를 넘어 일상의 세계 속에서 직업인들은 어떤 삶을 사는지 아주 조금 맛을 보았기 때문이다.

전문 직업인 수업에서 내가 강조하는 점은 두 가지이다. 첫째, 간호학 전공으로 임상 간호사, 제약 마케터 일을 할 수 있지만, 간호학 전공으로 딱 그 일로만 진출하는 것은 아니라는 것. 그 분야 안에서도 할 수 있는 일은 매우 다양함을 강조한다. 둘째, 여러분의 가능성은 무한하고, 여러분은 좋아하는 일을 하면서 그 일을 잘하는 일로 만들어 성공할 수 있으며, 여러분 스스로를 자신이 만든 틀 속에, 세상이 만들어 놓은 틀 속에 가두면 안 된다고 얘기한다.

진로 강사는 청소년들과 그들의 진로를 함께 고민한다. 진로 강사는 단순히 방향을 알려주는 나침반이 아니라 방향을 제시하고 꿈으로 가기 위한 여정을 함께 하며 그 길에서 함께 어려움을 나눌 수 있는 나침반이 되어야 한다. 진로 강사는 미래를 탐구하고, 청소년들의 꿈을 탐구해야 한다.

내가 좋아하는 것? 내가 잘하는 것? 내가 원하는 것?

어쩌다 간호학과에 가더니 어쩌다 진로 강사가 되었다. 강사는 공부도 많이 해야 하고 준비도 많이 해야 하는데, 우연하게 시작된 강사라는 일이 내가 좋아하는 일인지, 내가 잘할 수 있는 일인지 다시 찬찬히 살펴본다.

나의 지식과 가치를 대상자의 수준에 맞게 쉽고 임팩트 있게 전달해서 그들에게 감동을 주는 일은 나에게 상당히 매력적으로 다가왔다. 내가 좋아하는 일이 될 수 있으니 이제 잘할 수 있는지를 살펴본다. 그리고 강사라는 일이 내가 원할 때까지 직업으로서 지속 가능한 일인지 다시 들여다본다.

'강사로서 내가 부족한 부분은 무엇이지? 그 부분은 어떻게 채워야 하지?'

'전문 강사가 되려면 어떤 전문적인 공부를 더 해야 하나?'

'나의 경력을 활용할 수 있고, 도전과 배움을 가치 있게 생각하는 나에게 맞는 분야는 무엇일까?'

꼬리에 꼬리를 물던 고민은 이번 참에 인생 2막을 제대로 준비하자는 진지한 물음으로 이어졌다.

또 한 번의 기회가 왔다. 아니 이번에는 내가 기회를 만들었다. 지금껏 공부하지 못한 인문학과 경영학에 대한 갈증을 채우고, 강사로서의 역량을 키우기 위해 대학원에 진학하기로 마음먹었다. 전공은 '리더십과 코칭', 전문 코치가 되고, 리더십에 대한 전문가가 될 수 있으며, 경영대학원 내 있는 전공이라 MBA 학위를 취득할 수 있다.

비즈니스 코칭에서 시작되어 코칭 리더십이라는 지금 시대에 딱 맞는 리더십의 새로운 분야를 만들고, 비즈니스 업계에서 조직 운영과 구성원 역량 개발에 각광을 받고 있는 코칭은 비즈니스 코칭을 넘어 커리어 코칭, 라이프 코칭, 청소년 코칭 등으로 영역이 점차 확대되고 있다. 20년 넘는 나의 경험과 역량을 십분 활용할 수 있는 분야라 생각했고, 나이를 먹어도 충분히 경쟁력이 있을 거란 판단이 섰다. 진로 강사에서 진로 코치로 한 단계 점핑한 후에 비즈니스 코치로도 활약하고 싶었다.

마흔 일곱, 새로운 기차로 환승하기에 더없이 좋은 나이다. 내가 좋아하는 소설가 박완서 선생님은 40살에 등단을 했는데 그 당시 한국인의 평균수명은 80살이 되기 한참 전의 일이었으니, 평균수명 100살이 된 지금에는 마흔 일곱이 너무 늦지도 빠르지도 않은 딱 좋은 나이다.

난 도전하는 것을 좋아한다. 병원 간호사였던 나에게 제약 마케터는 도전이었다. 제약 마케터였던 나에게 진로 강사는 도전이었다. 나에게 대학원 입학은 도전이었고, 나에게 코치가 되는 일은 도전이었다.

"직장도 오래 다녀 놓고 이젠 적당히 놀면서 애 뒷바라지나 하지. 참 대단하다."

"그 나이에 교수도 아니고 학생이 되어 공부한다고? 나라면 절대 못 한다."

칭찬인 듯, 부러운 듯 주위에서 한마디씩 한다. 물론 애 뒷바라지가 가치 없는 일도 아니요, 돈이 남아서도 아니요, 공부가 쉬워서도 아니다. 놀면서 사는 것은 나한테 맞는 옷이 아니고, 편하게 대충 사는 것도 내가 원하는 게 아닐 뿐이다. 난 죽을 때까지 내가 좋아하는 것, 내가 원하는 일을 하고 싶다. 그게 내가 살아가는 방식이고, 나의 가치대로 사는 일이다.

나는 배우는 것을 좋아한다. 제약 마케터로 일하는 동안에도 매일 공부했다. 어제 익힌 당뇨 지식은 오늘 나온 신약을 위한 배경지식에 불과했다. 오늘은 오늘의 지식을 새로 익혀야 한다. 프로그램에 대한 고민도 멈출 수 없다. 고객사에게 받은 어제의 찬사는 바로 잊어야 한다. 매번 새로운 프로젝트를 고민했다. 상황은 바뀌었고, 고객도 바뀌었다. 오늘 공부하지 않으면 뒤처진다. 배우고 또 배울 수밖에 없는 이유다.

진로 강사가 되어서도 배우는 것은 멈출 수가 없다. 우리나라의 초등·중등 교육과정은 3~5년을 주기로 계속 바뀌고, 대학입시제도도 해마다, 학교마다 조금씩 다른 옷을 갈아입는다. 어떤 이는 백만 가지 입시전형이 있다고 말할 정도이니, 해마다 새로 업데이트 되는 내용을 익혀야 한다. 앵무새처럼 어제의 교육과정을 되풀이하지 않으려면, 시대의 흐름을 읽고 교육의 트렌드에 발맞춰 신무기를 늘 준비해야 한다.

코치가 되어서도 코치로서의 나의 비전, 나의 역할, 나의 철학을 고민한다. 코칭의 기반이 되는 심리학 공부를 계속하고, 사람에 대한 관심을 놓치지 않으려 한다. 상위코치로부터 코칭의 역량을 점검받고, 코치로서의 모습을 늘 성찰한다. 나는 날마다 나의 고객들과 함께 성장한다.

난 내가 좋아하는 걸 하고 싶었다. 그리고 난 내가 잘할 수 있는 걸 하길 바랐다. 난 끊임없이 내 호기심이 미치는 영역을 살폈고, 내 역량이 어느 정도나 커질 수 있는지 나를 시험했다. 그 안에서 나는 내가 정말 하고 싶은 것, 나의 가치를 구현할 수 있는 일을 만났다. 난 참으로 운이 좋고 행복한 사람이다.

환승역에서 새로운 기차를 기다리며

"졸업 시험에는 전공 시험과 영어 시험이 있습니다. 대학 졸업한 지 꽤 되셨는데 영어 시험을 잘 보실 수 있겠어요?"

대학원 입학 면접에서 주임 교수님께서 물으신다. 영어 때문에 힘들어 하는 학생들이 많은 건지, 미처 예상하지 못한 질문에 답변을 생각하느라 잠시 호흡을 가다듬었다.

"교수님, 제가 영어를 잘하지는 못합니다. 하지만 좋아합니다. 졸업 시험은 잘 준비해서 통과하겠습니다."

"본인에게는 어떠한 강점이 있나요?"

"예전에는 나무 하나 하나에 집중하느라 숲 전체를 조망하는 것이 미숙했습니다. 이제는 그동안의 사회생활이 경험이 되어 숲 전체를 볼 수 있는 눈이 생겼다고 생각합니다. 대학원에서 배운 지식을 제가 가진 경험과 잘 융합하여 어쩌고저쩌고, 주저리주저리~~."

자세한 답변은 생각나지 않지만 나의 열정을 어필하기 위해 눈을 반짝이며 대답을 했던 것으로 기억한다. (맞나요? 교수님^^)

대학원에 합격하였다. 전공은 '리더십과 코칭', 경영대학원 내에 있는 전공이라 대학원을 졸업하면 MBA 학위를 받게 된다. 경영학은 이제껏 나랑 전혀 관련이 없는 분야였는데, MBA라는 학위의 무게만큼 앞으로 2년간 해야 하는 공부에 대한 부담이 어깨를 누른다. 다 늦은 나이에 대학원 공부라니. 제약회사를 다닐 때, 마케팅 에이전시를 다닐 때, 대학원에 가서 좀 더 전문적인 공부를 하라는 주위의 조언은 귓등으로 들어놓고, 회사를 퇴직한 이 마당에, 오십을 바라보는 이 나이에 대학원이라니 인생은 정말 한치 앞을 알 수 없다.

사람에게는 계기가 있다. 그리고 그 계기는 예상치 못한 곳에서 우연히 만난다.

진로 강사 양사 프로그램에 들어가며 한 코치를 만났다. 자신의 석자이름 뒤로 다소곳이 코치라는 직함을 밝히는 그녀는 '스포츠 멘탈 코치'라는 새로운 직업을 나에게 알려주었다. 또 다른 코치를 만났다. 강의 내내 진지한 모습과 열정적인 모습을 보여준 그는 의미와 재미를 찾아 남들과 다른 인생을 살고 있다고 힘주어 말했다.

집으로 달려오자마자 코치에 대해 폭풍 검색에 들어갔다. 우리가 평소에 알고 있던 운동 코치만이 코치가 아니었다. 코치가 어떤 일을 하는지, 코칭 산업은 어떻게 발전해왔고, 앞으로 어떤 전망이 있는지 찾아 보았다. 비단 운동 선수뿐 아니라 회사의 CEO나 중간관리자에게 코치가 필요하고, 커리어를 개발하고자 하는 회사의 주니어들이나 대학생들에게, 어제와 똑 같은 오늘을 살지만 내일은 오늘 보다 나은 날이 될 거라 꿈꾸는 우리의 이웃들에게 코치가 필요함을 알게 되었다. 개인이 가진 무한한 잠재력과 가능성을 믿고 그 가능성을 최대한 이끌어 내주는 사람, 그

간호사, 딱 3년 만 하라

가 바로 코치이다.

코치에 대해 알아보는 작업은 끝났다. 이제 코칭이라는 일이 나랑 잘 맞을지, 내가 그 일을 잘할 수 있을지, 나의 가치와 맞는 일인지, 내가 코치가 된다면 어떤 강점이 있을지 KTX 속력 못지않은 속도로 머릿속이 또 한 번 요동쳤다. 알면 알수록 코치라는 직업에 매력이 느껴졌다. 우리 사회를 위해 뭔가 의미 있는 일을 하고 싶어졌다.

한 사람이 가진 가치는 그 사람을 움직인다. 코치가 되기 위해서, 보다 전문적인 공부를 하기 위해서 대학원 공부가 필요한 시점이 드디어 내게 도래한 것이다. 마침 까마귀 날자 배가 떨어진 것인지, 온 우주의 기운이 나의 바람에 답을 하는 것인지, 대학원을 알아보던 시기가 마침 대학원 입학 원서의 접수 기간이었다. 서둘러 서류를 준비하여 부랴부랴 제출했다.

누구는 네트워크를 위해 대학원에 가기도 하고, 누구는 더 깊은 공부를 위해 대학원에 간다. 인생 2막 새로운 공부를 위해 간 대학원은 내가 예상하고 기대한 것 그 이상이었다. 코칭을 배우겠다고 모여든 학우들, 선배들 그리고 교수님들은 '코치란 이런 사람들이 되는구나'라는 생각이 들만큼 서로를 지지하고, 인정해 주는데 누구보다 탁월했다. 따뜻한 학교 분위기에서 배우는 코칭과 리더십, 경영학 수업들은 퍽 신선하고 재미있었다. 나름 업계에서는 마케팅 전문가라고 자부했는데, 이론이 바탕이 된 체계적인 공부, 그리고 현업에서 바로 적용 가능한 실질적인 공부를 하니 내가 어떤 부분에서 부족했는지 알게 되었다. 가슴 한쪽이 서서히 차오르는 것을 느꼈다.

'개인의 미션과 비전은 조직에서 어떻게 구현되고, 개인의 잠재력은 어떻게 개발되는가?'

'리더는 어떤 리더십으로 90년대생을 이끌어야 하는가?'

'4차 산업혁명시대, 가치사슬이 점점 파괴되어 가는 지금, 지속가능한 성장을 위해 기업은 당장 무엇을 해야 하는가?'

'리더는 조직이 가진 위기와 상황 속에 어떤 리더십을 발휘해야 하고, 각 구성원들에게 맞는 리더십은 따로 존재하는가?'

수업이 끝나면 새로운 물음이 생겨났다. 회사의 미션과 비전이 회사의 홈페이지나 제안서 안에 박제되어 있는 것이 아니라 구성원들의 마음속에서 살아 있기 위해서 회사는, 관리자는, 리더는 무엇을 해야 하는지를 고민했다. 더불어 1인 기업으로 나를 재무장하기 위해 내가 가진 역량을 돌아보고 나의 코치로서의 비전, 나의 가치를 생각했다.

배움의 열정으로 눈부신 캠퍼스에서, 꿈을 향한 욕망으로 아름다운 캠퍼스에서, 나는 천천히 이 풍경을 감상하고 또 감상한다. 나는 행복한 환승객이다.

꽃보다 아름다운 나의 동기들

나이에 대한 편견이 예전에 비해 많이 사라졌다. 하지만 대학원은 학문의 상아탑이 아닌가? 40대 후반에 공부하겠다고 가방을 싸 메는 사람이 어디 그리 흔한가? 다 늙은 대학원생이 어린 대학원생들의 열정에 밀려 한구석으로 밀려나지는 않을까 하는 약간의 두려움이 밀려왔다. 신입생 OT 때 주위를 둘러보며 함께 공부하게 될 동기가 누구일지 가늠해 보았다.

오 마이 갓! 거의 띠동갑이 될 정도로 10살이나 많은 왕오빠와 왕언니가 있다. 그리고 50대 언니와 오라버니들, 12명 동기 중에 내가 딱 중간이었고, 내 아래로 40대 초반부터 30대 중반까지 6명이 포진하고 있었다. 다양한 배경을 가진 다양한 사람들이 각자의 목표를 가지고 한 자리에 모였다. 우리는 한 배를 탄 사람들처럼 서로를 챙겨주며, 서로를 응원하며 동기 누군가가 처지지 않도록 모두가 한마음으로 서로를 끌어안는다.

찬찬히 그들을 본다. 그 어디에서도 만난 적 없는 보석 같은 사람들이다.

은행에서 평생을 근무하신 60세 C동기님, 자신과 같은 은행권 CEO에게 비즈니스 코칭을 하기 위해 퇴임을 목전에 두고 입학하셨다. 늘 수업에서 모범을 보이고 최선을 다하시더니 영어 졸업 시험에서 당당히 98점을 받아 젊은 우리들을 반성하게 했다. 대학원을 다니면서 얻은 최고의 수확은 장성한 아들과 마음을 열고 깊은 대화를 할 수 있게 된 것이라 말씀하시는 모습에서 우리의 행복이 어떤 모습이어야 하는지를 생각하게 된다.

미국계 은행에서 30년 직장생활을 하고, 최근 동네 극단을 통해 어릴 적 배우의 꿈을 실현하고 계시는 RM(Relationship Manager) 59세 Y언니. 배려의 리더십으로 우리를 항상 세심히 살피고 조용히 품어 주신다. 지

혜롭고 유연한 모습에 나도 나이를 먹으면 언니처럼 되고 싶다는 생각이 든다.

결혼 전에는 잘 나가는 공무원이었다가 더 잘나가는 은행원으로 전직, 결혼 후에는 전업주부로 세 자매를 훌륭히 키워낸 Y언니, 8년의 공백을 보란 듯이 차버리고 보험설계사로 날개를 달았다. 전공 교수님들께서 추천해 주신 책들을 빠짐없이 챙겨보는 그야말로 근면 성실의 아이콘으로, 열정 충만 에너자이저로 동기들이 모이는 곳마다 빠짐없이 참석해서 분위기를 올려 주신다.

조용하고 인자한 미소 뒤에 감히 생각지도 못했던 그녀의 과거, 오랜 세월 정치판에서 보좌관을 하다 시니어 행복 주식회사라는 어르신들의 일자리 회사를 만들어 어르신들의 행복을 손수 짓고 계신 P언니, 가끔 터지는 함박웃음이 우리 모두 무장해제를 시키고 행복하게 한다.

어느 날 홀연히 떠난 멕시코가 좋아 그대로 주저앉아 8년간 살아버린 분, 다시 한국으로 날아와 여행 작가가 되고 태양광 사업을 하는 N동기님, 자세히 보면 홍콩 배우 주윤발을 닮은 외모에 목소리는 더 분위기 있다. 깊은 내공으로 내가 책을 쓰도록 끌어 주고 밀어 주고, 많은 힘을 주었다.

나이 어린 동기들의 역사도 다채로웠다.

아이의 재능을 발견하여 대한민국 국가대표 선수로까지 키워낸 국대 엄마 S, 엄마의 사랑과 열정으로 스포츠 선수들의 멘탈 코치가 되겠다고 17년 전업 주부에서 대학원생으로 용기 있게 큰 걸음을 내디뎠다. 엄마의 깊은 내공과 용감무쌍함에 따듯한 공감의 언어를 가진 그녀의 미래가 기대된다.

인기 강사로 종횡무진 활약하는 S, 깍쟁이 같은 첫인상과는 달리 그녀의 남다른 동기사랑은 우리 동기들에게 언제나 좋은 자극제였다. 우리가 젤 잘 나가는 동기가 되길 바라는 마음으로 요기까지만 오라고 늘 한 발 앞서 깃발을 흔들어 준다. 아마 동기 중에 제일 먼저 MCC가 되어 우리의 자긍심이 될 친구다.

멀리 전주에서 토요일마다 힘들게 등교하는 Y, 그녀의 독특한 매력은 늘 동기들에게 신선한 시각과 놀라움을 주었다. 그녀를 보면 자유가 생각난다. 비누냄새가 난다. 함박 핀 수선화가 생각난다. 의외의 꼼꼼함으로 셀프 리더의 대열에 가장 앞장 서 있다.

첫 수업 시간 항상 썰렁한 유머로 우리를 맞이했던 부지런한 부사관 J, 그대는 내가 젤 사랑하는 군인이라오. 대학원 내에서도 귀찮고 신경 많이 쓰이는 잔일을 소리 없이 처리하는 1등 학생, 타인의 감정을 읽는데도 선수여서 대한민국 60만 군인 중 그는 아마 최고의 감수성을 가진 군인이리라. 그는 지금도 열심히 군대에서 용사들에게 리더십과 코칭을 실천 중이다.

대기업 HR 부서에서 직원들의 커리어 개발을 돕는 새신부 L, 잦은 출장과 격무에 많이 지칠법한데도 티내지 않고 묵묵히 제 할일 하는 스타일, 카리스마 있는 직관으로 남과 다르게 보고, 남과 다르게 행동하는 그이는 우리의 조커다. 가능성에 한 표 던진다.

필리핀에서 3년간 선교활동을 마치고 귀국하여 코칭 공부와 신학 공부를 함께 하고 있는 막내 K, 누구보다 열심히 살고 있는 청춘, 3학기, 4학기에 조교까지 맡아 제대로 학교생활을 즐겼으리라 생각한다. 그대 마음의 평화를 기도한다.

인생 2막 준비에 나이는 숫자에 불과했다. 조금 천천히 가자, 조금만 쉬었다 가사는 생각이 들다가도 그늘의 열정을 보면 신발 끈을 고쳐 매지 않을 수 없었다. 두고두고 곁에 두어 든든한 지지를 받고 싶은, 오랜 친구처럼 편해진 지원군들이다.

"사람은 성장하는 동안은 늙지 않는다."

김형석 선생님께서 '100년을 살아보니'라는 책에서 하신 말씀이다. 나는 언제까지고 계속 성장하고 싶다. 늙고 싶지 않다.

"사랑하는 동기님들, 우리 오래도록 늙지 말아요. 제발."

밀어주고, 당겨주고, 함께여서 가능했습니다

첫 학기가 시작되고 '코칭의 핵심역량'이라는 과목을 수강하게 되었다. 코칭을 배우는 사람에게 가장 기본이 되는 과목으로 경청, 질문, 피드백 등 코치가 가져야 할 역량에 대해 배우는 시간이다. 우리가 평소 얼마나 다른 사람들의 말을 안 듣고 자기 말만 하는지, 부정적인 얘기는 또 얼마나 자주 해서 상대의 에너지를 다운시키는지, 더 나쁜 경우는 상대의 얘기는 듣지도 않고 이미 자신이 내린 결론으로 상대의 이야기를 판단하는지 알게 되었다. 주위의 사람들을 둘러보게 되었고, 나의 평소 대화 습관을 반성하게 되었다.

한 달여 수업을 받고 아주 조금 코칭에 대해 알게 되었다. 그리고 그보다 조금 더 코치의 일이 만만치 않음을 가늠하게 되었다. 그리고 대학원 내 동아리를 통해 동기들, 선배와 함께 코칭 실습을 하게 되었다.

코칭 실습은 한 명의 학우가 고객이 되어 자신이 가지고 있거나 해결하고 싶은 문제, 깊게 얘기하고 싶은 주제를 꺼내면 한 명의 다른 학우는 코치가 되어 자신이 배운 코칭 역량을 실습해 보는 것이다. 둘 사이의 코칭 대화가 산으로 가지 않게, 상위 코치가 함께 실습을 하여 코치가 이번 세션에서 잘한 점, 보완이 필요한 점 등을 알려준다.

당연한 얘기지만 처음에는 코치 역할이 힘들었다. 고객이 자신의 얘기를 열심히 하고 있는데도 내가 할 다음 질문을 생각하느라 고객의 얘기가 귀에 잘 들어오지 않았다. 잘 듣지 않으니 고객을 지지하거나 인정해줄 수 없었고, 제대로 듣지 않으니 고객의 시각을 확장시켜줄 강력한 질문을 할 수 없었다. 어떤 날은 고객이 하는 말을 나도 모르게 평가하고 판단하고 있었고, 어떤 날은 고객이 말을 하고 있는데도 다음 질문만 생각하는 나를 발견했다.

코칭은 고객이 변화의 필요성을 스스로 느끼고 변화의 에너지를 스스로 찾는 과정이다. 그러기 위해서는 고객을 고객이 가진 모습 그대로 바라보면서 고객의 존재를 인정하고 지지하는 게 중요하다. 그래야 고객은 한 발 더 나아갈 수 있다. 입으로는 고객을 이해한다고 말하면서 머릿속으로는 고객을 판단하고 있는 내가 보였다.

고객을 인정하려니 나의 사설은 길어지고 사설이 길어지니 질문은 성급하게 나왔다. 고객을 칭찬하고자 하나 고객에 대한 충분한 공감이 없으니 마음에도 없는 말이 나왔다. 코치의 직관은 없고, 고객이 당장 내놓는 불평불만에 집중하고, 대화 내내 솔루션을 찾느라 허둥대는 코치만 있었다.

　고객이 되어준 상대와 코칭 실습이 끝나면 모든 대화를 듣고 있던 상위 코치의 피드백 시간이 이어진다. 피드백은 꼭 코치가 잘못한 점을 지적하기보다는 잘한 점을 칭찬해주고, 조금 더 신경을 써서 보완하면 좋을 점 등을 얘기해주고, 코치로서 더 에너지를 얻도록 응원해 준다.

　코칭 실습에 좀 적응이 된다 싶으니 고객으로서의 어려움이 밀려왔다. 너무 가벼운 문제에 대해 얘기를 하려니 코칭 자체가 가벼워지는 듯했고, 너무 심각한 고민을 내놓으려니 심각한 고민도 없었지만, 코칭하는 상대도 힘들 것 같았다. 그것이 다시 나의 코칭 주제가 되기도 했다. 거기서 발견한 나의 성찰은 일상의 문제도 심각한 문제도 모두 나의 문제이고, 이들 문제에 대해 가볍게 터치할 수도, 한 문제에 대해서 여러 사람의 코칭을 받아 보면서 깊게 들여다보는 것도 모두 다 도움이 된다는 것이었다.

　학기 중 어떤 특강에서 들었던 내용이다. 코칭을 배우는 일은 말을 새로 배우는 거라고 했다. 처음엔 좀 오버가 심하다고 나는 거기까지는 아니라고 생각했는데 실제 실습을 해보니 어떻게 말해야 하는지 말을 처음 배우는 어린아이가 된 듯했다.

　　　　　　　　　　　　　　　　　　간호사, 딱 3년만 하라

실습과 함께 내가 좋은 코치가 될 수 있을지, 코치로서 잘 살 수 있을지, 산업으로서의 코칭이 과연 발전 가능한 분야인지 여러 면에서 고민은 계속되었다. 하루는 코치가 나의 천직처럼 여겨졌고, 하루는 코치로서 사는 것이 너무 재미없는 일로 여겨졌다. 세상을 반짝반짝 빛나게 하는 등대 같은 일이라 한껏 고무되었다가 나의 빛나는 촉들을 모두 무디게 만드는, 스님의 삶과 같은 일이라 생각되어 어깨가 처지고, 깊은 동굴 속으로 들어가고 싶었다. 업 앤 다운의 시간이 계속 흘렀다.

그런 과정 속에 코치가 되어갔다. 대학원 한 학기를 끝내고 동기들과 함께 코치 시험에 도전하였다. 코치로서의 모든 역량을 다 갖추고 마음이 준비가 될 때까지 코치 시험을 미뤘다면, 코치가 되는 일은 아마 대학원 졸업 후에나 가능했을 것이다. 동기들이 당겨주고, 밀어주고, 할 수 있다 힘을 주었다. 저 혼자 잘나 이 자리까지 왔다고 생각한 풋내기 대학원생은 동기들에게 힘을 얻어 초보 코치 자격증을 얻을 수 있었다. 코칭이 어떻게 세상을 바꿀 수 있을지, 코치로서의 인생 2막을 어떻게 열지 고민하며 나의 겨울은 깊어만 갔다.

"산업의 역군들, 내가 다 보살피마"
한국남동발전 여수발전본부 / 산업 간호사

Q. 현재 선생님께서는 어느 회사 소속이고, 지금 일을 하신 지는 얼마나 되셨나요?

A. 한국남동발전 여수발전본부 안전품질실에서 보건관리자로 근무하고 있습니다. 현재까지 근무한 기간은 약 2년 정도입니다.

Q. 산업 간호 분야는 조금 생소합니다. 어떤 계기로 이쪽 업무를 하게 되셨는지 궁금합니다.

A. 대학 졸업 후 대학병원의 내과계 중환자실에서 처음 근무를 시작하였습니다. 그 후 종합병원의 건강증진센터에서 종합검진 업무를 했는데, 당시 옆 부서가 바쁠 때 가끔 도와주던 업무가 특수건강진단 업무였습니다. 그때 산업안전보건 분야를 알게 되고, 사업장에서 간호사가 보건관리자로 근무할 수 있다는 것도 알게 되었습니다. 우연찮은 기회에 현재 회사에서 산업 간호사를 구한다는 공고를 보고 지원하게 되었습니다.

Q. 산업 간호사가 하는 업무는 임상 근무와 많이 다를 텐데요. 자세한 설명 부탁드립니다.

A. 최근 뉴스를 보면 '김용균법'이라고 불리는 산업안전보건법을 전면 개정한다는 이야기가 많이 나옵니다. 보건 관리자는 근로자의 안전과 보건을 담당하고, 근로자들이 쾌적한 근로 환경에서 일할 수 있도록 근로 환경을 조성하는 데 책임이 있습니다. 세부적인 업무로는 다음과 같습니다. 작업 환경 관리, 위생 관리, 건강 검진, 건강 증진 활동, 직무 스트레스 및 뇌심혈관 발병 위험도 평가, 안전 보건 교육, 보호구 구입에 적격품 선정 및 조언, 사업장 내 사용 물질 현황(MSDS) 비치 및 게시에 관한 조언 등이 있습니다.

Q. 일에서 보람을 느낄 때는 언제인가요?

A. 제가 일하는 곳에는 통상 근무하는 분들도 있지만 24시간 발전소를 운영해야 하는 업무 특성상 교대근무를 하는 분들도 있습니다. 교대근무자분들께서는 본인들은 건강증진 프로그램에 참여하고 싶어도 참여할 수 있는 기회나 시간이 적어서 아쉽다고 항상 말씀하시는데, 제가 직접 찾아가는 보건관리활동을 통해서 그분들과 만나고, 소통하고, 불편한 점을 개선하려고 노력하고 있습니다. 이런 부분을 알아서 새로 온 보건관리자는 항상 열심히 하는 모습이 좋다고 칭찬해 주실 때마다 보람을 느낍니다.

Q. 현장이라 힘든 일이 많을 것 같습니다. 일하면서 힘든 점은 어떤 것이 있나요?

A. 아무래도 대학에서 배우는 간호학과의 커리큘럼에는 병원이나 지역사회에 있는 대상자들을 위한 간호가 위주입니다. 그래서 현장의 위험요소는 무엇이며 어떻게 파악해야 하는지 그것부터 어려웠습니다. 그리고 보건관리자는 사업장 내에 대부분 1~2명인데 그에 비에 해야 할 업무는 너무 많습니다. 각 업무에 대해 그리고 현장에서 사용되는 유해 물질들에 대해 혼자서 공부하고 헤쳐 나가야 하는 일이 힘들었습니다.

Q. 산업 간호사는 어떤 간호사들에게 맞을까요? 산업 간호사가 되고 싶은 후배가 있다면 어떤 말씀을 해주고 싶으신가요?

A. 저는 병원에서의 교대근무가 너무 힘들었습니다. 하지만 간호사라는 직업은 포기하고 싶지 않았기에 보건소 간호사, 보건교사, 항공사 간호사 등 여러 방면으로 알아보던 과정에서 보건관리자를 알게 되었습니다. 저와 같이 교대근무가 본인의 생활 리듬에 맞지 않는다고 생각한다면 이 분야를 고려해보는 것도 좋다고 생각합니다. 또한 성격이 활동적이고, 사람들과 잘 소통하고, 스스로 일을 찾아서 하는 적극적인 사람이면 적합하다고 생각합니다. 아직은 보건관리 업무가 안전 업무에 비해서는 세분화되지 않고, 실제 현장에서 근로자들이 요구하는 부분과 개선해야 할 부분들이 많기에 스스로 찾아서 업무를 진행해 나가야 하는 경우가 많습니다. 따라서 스스로 공부하고 새로운 방법을 계속 도출하려는 노력이 필요한 분야라고 생각합니다.

Q. 앞으로 어떤 산업 간호사가 되고 싶으세요? 일에 대한 비전, 개인적인 꿈을 말씀해 주세요.

A. 임상에서는 질병이 걸린 환자들을 대상으로 간호 업무를 했습니다. 현재는 근로자들이 근무하면서 다치지 않고, 근무하는 동안 건강을 유지할 수 있도록 돕는 일을 합니다. 질병 발생 전에 사전 예방하는 업무를 하기에 중요한 일을 하고 있다는 자부심을 가집니다. 앞으로 저희 회사 직원들이 직업성 질환에 걸리지 않고, 건강하게 일할 수 있는 여건을 조성하는 것이 저의 목표입니다. 개인적인 꿈으로는 대학원에 진학해 산업보건을 더 공부하고, 연구하고 싶습니다.

성공은 행복의 열쇠가 아니다.
행복이 성공의 열쇠인 것이다.
지금 당신이 하고 있는 일을 사랑한다면, 당신은 성공할 것이다.

알베르트 슈바이처

간호사, 딱 3년 만 하라

나는 전문 코치입니다

당신에겐 코치가 있나요?

대학원 첫 학기, '코칭의 핵심역량'이라는 수업에서 첫 과제를 받았다. 코치를 자신만의 언어로 정의를 내리는 것이었다. 잠재력, 가능성, 촉진자 등 여러 단어들이 떠올랐고 적절한 조합을 찾기 위해 일주일간 머리를 동여맸다.

"코치는 내 인생의 도우미다. 도우미가 없어도 우린 그런대로 살아간다. 그런데 도우미가 있다면, 우리의 주방과 거실은 반짝반짝, 우리는 우리의 인생을 좀 더 향유하며 살아갈 수 있다. 우리에게 인생의 도우미 코치가 있다면, 내 안의 잠재력을 자세히 보고, 어제보다 나은 나로 이끌어줄 테니 내 인생은 반짝반짝, 우리의 인생은 더욱 윤기가 흐를 거다."

교수님께서는 메타포(은유)를 사용하여 표현했다고 고개를 끄덕여 주셨다. 코칭에 대한 교육을 더 받고 실제 코치로서 코칭을 하는 지금, 다시 코치의 정의를 생각해본다. 내공이 덜 쌓였나보다. 아직 저 답변보다 더 나은 답변을 찾지 못하겠다.

'코칭은 누구나 꿈꾸는 변화와 성장을 자신의 가치와 욕구에 부합되는 방향으로 자신의 잠재 자원을 최대한 활용하여 주도적으로 이끌어낼 수 있도록 지원하는 전문적인 과정'이라고 『코칭의 심리학』에서 김은정은 말한다. 가장 포괄적이면서 일반적인 정의이다.

코치는 타인의 변화와 성장을 돕는다. 물론 코치도 코치 자신의 변화와 성장을 위해 다른 코치로부터 코칭을 받는다. 코치라고 일상사 모든 일을 다 마음먹은 대로 해내는 것은 아니니까. 길을 걷다 넘어지면 누군가의 위로가 필요하고, 가다가 막힌 길을 만나면 새 길을 찾아야 하니까. 코치도 코치를 만나 지지를 받고, 자기 안의 에너지를 채운다.

내가 현재 어떤 감정을 느끼며, 그 감정의 바탕에는 어떤 욕구가 있는지 발견하고, 그런 욕구가 있는 나는 어떤 사람인지 성찰한다. 내가 되고 싶은 모습을 구체화하고 그 모습이 되기 위해 나는 지금 무엇을 해야 하는지, 내가 가고자 하는 길에서 만나는 장애물을 어떻게 넘어야 하는지 코치와 함께 길을 찾고, 의지를 다진다.

코치로서 인생 2막을 살겠다는 마음을 먹고 대학원까지 진학을 했음에도 코치로서의 비전을 세우는데 자신이 없었다. 주저하는 내 마음을 코칭을 받으며 찬찬히 들여다봤다. 아직은 활성화되지 않은 라이프 코칭 시장만 바라보기에는 그다지 비전이 없어 보였다. 그래도 직장을 오래 다니면서 실무자, 중간 관리자, 부서의 장까지 했으니 직장에서 얻은 다양한 경험으로 비즈니스 코칭을 잘할 수 있겠다 싶었다. 하지만 이미 비즈니스 코칭에는 쟁쟁한 코치분들이 계시고, 업계에 출사표를 내기에는 미천한 경력을 어디서부터 채워야 할지 막막했다. 용기를 가지고 바닥부터 도전을 하겠다는 마음과 그냥 편하게 살자는 마음이 싸운다. 둘이 싸우는 모습을 지켜보며 하루는 용감한 그녀를 지지하고, 하루는 자신 없는 그녀를 위로한다.

내가 너무 논리적이고 합리적인가? 환경을 분석하고 기회와 리스크를 꼼꼼히 따져보는 성격이 나의 발목을 잡는 것인가? 나이 탓을 하며 주저하는 나를 만났다.

이래서는 안 되겠다 싶었다. 내가 꿈꾸는 미래, 내가 원하는 모습을 확실하게 그려보고 싶었다. 코치로서 어떤 미래를 꿈꾸는지, 무엇을 원하는지, 나의 미션과 비전을 제대로 세워보자 마음을 먹고, 한 코치님께 코칭을 의뢰했다.

코치님의 손을 잡고 함께 5년 후로 날아갔다. 한창 상승일로에 있는 스타트업 회사에 재능기부를 하러 종종거리며 뛰어가는 내가 보인다. 수차례의 워크숍을 통해 그 회사의 미션과 비전을 구성원들과 함께 만들고, 큰 그림의 전략을 세운다. 어디 그뿐인가? 자신의 속내를 내보일 기회가 없는 중견기업 CEO를 만나 위로를 건네고, 새로운 사업 모델 아이디어를 도출하도록 촉진하고 또 촉진한다. 커리어 개발을 위해 동분서주, 고민에 고민을 거듭하는 새내기 직장인들에게는 커리어 코칭을, 대학생들과 학부모들에게 일상의 삶들을 반짝반짝 빛나게 만드는데 도움을 주고자 특강을 하는 나를 만났다. 이런 저런 해보고 싶은 일들이 보였고, 잘할 수 있을 것 같다는 희망이 보였다. 그러면서도 마음 한쪽에는 계속 주저하고 있는 내 모습도 보였다. 그 순간 코치님께서 물어보셨다.

"코치님이 지금의 모습이 되기까지 코치님을 이끌어 준 것은 무엇인가요?"

가슴에 한 줄기 바람이 불었다. 지금껏 아등바등 살아온 모습이 오버랩되며 내가 참 열심히 살았구나 하는 안쓰러움과 그럼에도 이것저것 참 많은 것을 해냈구나 하는 대견함이 동시에 밀려왔다. 잠시 길에서 서성이는 듯 보여도, 지금까지 그랬던 것처럼 나는 또 나의 길을 만들며 뚜벅뚜벅 걸어갈 것이라는 예감이 들었다. 조급해하지 말고, 내가 나를 온전히 믿어주고 나의 힘으로 일어나 걸어가도록 충분히 시간을 줘야겠다는 생각이 들었다.

우리 모두에겐 코치가 필요하다. 어떤 이는 오랜 시간 자신을 지켜봐 준 친구가 코치일 수 있고, 어떤 이는 직장에서 만나는 자신에게 이런 저런 피드백을 해주는 고마운 선배일 수 있다. 코치 따위 필요 없다 말하지 마라. 그대는 지금까지 홀로 고군분투하느라 너무나 지쳤다. 너무나 돌아왔다. 진지한 성찰 없이 무작정 앞으로만 달린다면 어느 순간 당신은 그 자리에 멈춰 서게 된다. 주저앉게 된다. 이 길이 내가 진정 원하는 길이 아니라고 다시 처음의 장소로 되돌아가야 할 수도 있다. 이제 코치와 함께 성찰하고, 코치와 함께 길을 찾자. 코치는 당신의 성장과 변화를 당신 못지않게 원하는 사람이다.

당신이 코치를 만난다면 당신의 인생은 반짝반짝, 당신의 인생은 더욱 윤기 있어질 거다. 당신이 코치를 만난다면, 당신은 당신의 인생을 좀 더 향유하며 살아갈 수 있다. 인생의 도우미, 코치에게 손을 내밀어라. 당신은 충분히 그럴 자격이 있다.

보지 않은 것인가? 못 본 것인가?

직장은 생계수단 이상의 의미를 갖는다. 생활의 기준이 되기도 하고, 자긍심의 바탕이 되기도 한다. 한때 많은 직장인들은 평생직장을 꿈꾸며, 회사의 성장을 자신의 성장과 일치시키며 보람과 가치 실현을 꿈꾸기도 했지만, 이제는 달라졌다. 세상은 변했고, 우린 그 속에서 힘없는 깃발처럼 나부낄 뿐이다.

취업이 잘되는 간호학 전공이면 충분하다고 생각하는가? 간호학 전공으로 얼마나 버틸 수 있다고 생각하는가? 병원이란 업무 환경이, 병원에서 함께 일하는 동료가 내 생활의 근간을 흔들고, 내 자긍심을 뿌리째 뽑는 순간이 오지 않으리라 어떻게 장담할 수 있단 말인가?

대부분의 임상 간호사들에게 병원 밖 세상은 먼 나라 이야기다. 대부분의 간호학과 학생들에게 병원 이외의 장소는 험지일 뿐 내가 가야 할 곳은 아니다. 3교대 근무 환경이 삭신을 힘들게 하고, 병원 내 동료들이 무심한 듯 혹은 작정한 듯 나의 가슴을 후벼 파도, 그래도 하염없이 시간은 병원 중심으로 흐른다. 병원 밖으로 나가 새로운 환경에 적응한다는 것은 상상만으로도 힘들다. 병원에 이 정도라도 적응하는 것이 얼마나 힘들었는데, 새로운 곳에 가서 새로운 사람을 만나 다시 처음부터 일을 배운다 생각하면 몸서리가 쳐진다. 그냥 구관이 명관이고, 이곳이 미지의 그곳보다는 나을 것이다 생각하는 게 속 편하다.

신규 간호사라면 근무와 근무 사이에 잠으로, 쇼핑으로 일단 버티기 한판에 들어간다. 다달이 들어오는 월급도 버티기 한판에 큰 도움이 된다. 신규 입사자의 회사 오래 다니는 법칙에 '새 차를 할부로 뽑는다'라는 우스갯소리가 있다. 일단 저지르면 수습해야 하고, 36개월 할부라면 3년을, 48개월 할부라면 4년을 버틸 수 있다는 얘기다.

신규 간호사는 일단 병원이라는 시스템에 나의 몸을 맞춘다. 나의 적성과 가치는 내가 시스템의 일부가 된 이후에 생각하면 될 일이다. 중간 연차 간호사라면 이제 업무에 베테랑이 되었다. 누구보다 빨리 업무를 처리하고 3교대 환경에도 어느 정도 적응이 되었다. 일이 힘들지 않은 것은 아니지만, 새로운 곳에서 적응을 새로 하느니 전문성을 인정받고 있는 병원 이곳이 그나마 최선이다. 비교적 연차가 있는 간호사라면 이제 병원이 세상에서 가장 익숙하고 편한 곳이다. 결혼을 했고 육아를 병행해야 한다면 병원 이외의 곳은 생각조차 할 수 없다. 집말고는 다른 선택지가 없다.

최근 언론을 통해 병원 내 태움 문화를 견디지 못한 간호사들의 비극적 사고가 자주 보도되었다. 참으로 안타까운 일이다. 사실 태움 문화는 어제 오늘 생겨난 문화는 아니다. 내가 근무하던 20년 전에도 있었으니 간

간호사, 딱 3년만 하라

호사 사회의 아주 고질적인 질병이고, 이제는 그 싹을 다 드러내 댕강 잘라버려야 할 미룰 수 없는 시대적 과제다.

시작은 이랬을 것이다. 병원이란 곳이 사람의 생명을 다루는 곳이고, 간호사의 작은 실수는 단지 실수로만 끝나지 않는다. 근무 연차가 적은 간호사일수록 실수가 많은 것은 당연한 일이고, 그에 대해 주의와 경계를 제대로 준다는 취지에서 생겨났을 것이다. 그래서 간호사의 작은 실수는 선배 연차 간호사들에게 꼬박꼬박 보고되고 근무 시간이 끝나고도, 다음 날 새로 근무에 들어가서도 선배 연차 간호사들에게 주의를 듣고 또 듣는다. '아니 이게 뭐라고, 이렇게까지 혼나야 하는 거야?'라는 생각이 들지만, 처음부터 불필요한 교육은 아니었다. 다만 교육의 방식이 학습자의 눈높이에 안 맞았던 것이다. 교육의 효과가 교육의 기대와 다른 방향으로 흘렀던 것이다.

학습자의 눈높이에 맞지 않는 교육은 잔소리고, 기대하는 방향과 달리 흘러가버린 교육은 병동의 악습이고 구태였다. 물론 일부 간호사들이 은근히 왕따 분위기를 조성하여 태움을 당하는 간호사가 병동에 어울리지 못하고, 능력 없는 간호사라는 논리를 펴는 것까지 변호할 생각은 없다. 언론에서 부각한 내용이 사실을 과하게 부풀린 면도 있을 수 있지만 어쨌든 조직 내 왕따 문화는 반드시 사라져야 하는 나쁜 문화다.

이런 태움 문화를 접하고 간호학과에 자녀를 보내는 부모님들께서 많은 걱정을 하신다. 간호학생들도 임상 이외의 다른 업무에 대해 관심을 갖게 되는 계기가 되었다. 하지만 여전히 간호사의 꽃은 임상이라 말하고 대학병원에 근무하는 것은 높은 연봉과 많은 복지 혜택, 부모님과 주위 사람들의 부러움을 사기에 충분하다. 토플이나 토익 시험을 보지 않아도, 어학연수나 봉사 스펙이 없어도 종합병원은 간호대생을 두 팔 벌려 환영한다.

'간호학과 졸업 후 병원에 취직하는 것은 과연 내게 이득일까?', '임상 간호 업무는 나에게 맞는 직무일까?', '막상 병원에 취업을 하면 난 얼마나 근무를 할까?' 고민이 이어진다. 아니 그 고민은 졸업까지 가지 않아도 된다.

간호학과 3학년이 되면 많은 전공 수업을 듣게 되고 그와 함께 엄청난 임상 실습이 세트로 들어온다. 여기서 1차 허들을 만난다. 그제야 간호 업무가 어떤 것인지 제대로 보게 된다. 물론 병원에 취직하게 되면 학교 실습 때 느꼈던 것과는 또 다른 허들을 느끼지만 아무튼 임상 실습을 나가게 될 때, 교과서에서 말하는 간호말고 실제 간호를 접한다. 강의실에서 배운 간호학 수업은 단지 이론이었고, 실제 간호를 몸으로 느끼며 간호사에 대한 인식부터 송두리째 바뀌는 경험을 한다.

수술 전 환자의 요도를 찾아 카테터를 꽂고 수술 후 환자의 배액관(He-movac, 수술 후 수술 부위의 출혈을 모아주는 주머니)을 열어 출혈량을 카운트할 때, 환자의 토사물로 하얀 간호사복이 얼룩질 때, 간호사의 민낯을 보게 된다. 함께 선후배로 친구로 잘 지냈던 의대생들이 실습을 나가는 순간 선생님이 되는데, 자신은 여전히 간호학생이라며 그제야 간호학과에 입학했음을 실감했다고 말하는 간호사도 만났다. 실제 간호의 직무를 온몸으

242

로 받아들이는 순간은 사람마다 다르다.

아는 분이 학원에서 수학 강사를 하신다. 친해지게 되어 어쩌다 전공 얘기가 나오게 되었는데 세상에나 간호학과를 나오셨단다. 타 전공 학생들이 복수 전공을 많이 하니 간호학과도 당연히 복수 전공이 가능할 것이라 생각하고, 간호사가 되고 싶은 마음은 1도 없었지만 대학교 간판만 보고 입학을 했다. 간호학과는 원래 복수 전공이 안 된다. 그래서 그분은 4년 내내 본인이 원하지 않은 공부를 억지로 했고, 대학 1학년 때부터 시작한 수학 강사 아르바이트가 본인의 직업이 되었다. 그분은 간호학이 복수 전공을 할 수 없는 전공이라는 것만 알았어도 4년의 힘든 시간을 보내지 않았을 것이다.

학교 다닐 때 많이 듣는 말이 있다. 주로 진로 시간에 선생님이 학생에게 많이 묻는 말씀이다.

"좋아하는 일을 할래? 잘하는 일을 할래?"

대다수의 학생들은 대답한다.

"좋아하는 일을 하고 싶지만 그 일로 성공할 자신은 없어요. 잘하는 일을 할래요. 어쩜 잘하는 일을 계속하다 보면 그 일이 좋아지지 않을까요?"

정말 그럴까? 지금까지는 어쩜 그 공식이 통했는지 모르겠다. 하지만 이제는 4차 산업혁명시대, 어떤 일을 해도 인공지능보다 더 빨리 더 정확하게 잘하는 것이 불가능하다. 잘한다는 것의 정의가 다시 필요한 시점이다.

미래 직업에 대한 많은 전망이 앞 다투어 나오고 있다. 다행히 간호사는 지금보다 수요가 비슷하거나 조금 더 늘 것이라는 전망이 우세하다. 그런 전망에는 노인 인구가 기하급수적으로 늘고, 만성 질환과 희귀 질환이 계속 증가 추세에 있는데다 1인 가구 증가에 따른 기본 간호 수요가 증가할 것이라는 예측이 깔려있다.

안타깝게도 생각보다 많은 학생들이 너무 막연한 기대를 가시고 간호학과에 입학한다. 간호사의 수요가 늘 것이라는 전망에 간호학과의 취업률에만 귀를 기울여 전공을 선택한다면, 보아야 하는 것을 못 보는 것이다. 간호사의 업무가 얼마나 전문적인지 임상의 업무가 얼마나 힘든지 제대로 알지 못하고 취업한다면, 병원에서의 간호사 평균 근속년수를 줄이는 일에 한몫 더하는 일만 하는 것이다. 정작 보아야 할 것을 안 본 것이다. 누구도 아닌 우리 자신을 위해, 행복할 권리를 가진 우리를 위해, 보고 확인하고 다시 생각할 일이다.

어디로 갈 것인가? 무엇을 할 것인가?

간호학과가 많이도 생겼다. 현재 전국에 있는 간호학과와 간호 대학은 200개가 넘고, 간호학과의 입학정원은 2만 명이나 된다. 2008년에 246,840명이던 전국의 간호사 면허 취득자 수가 2018년에 394,662명으로 늘었다고 하니 최근 10년 동안에 전체 간호사 수의 약 60%가 증가한 셈이다.

그런데 이상하다. 여전히 중소병원은 간호사 구인난에 허덕이고, 대형 병원은 숙련된 간호사들이 없어 충분한 프리셉터(Preceptor) 교육 없이 신규 간호사들을 바로 현장에 투입시킨다. 법정 인력 기준에 못 미치는 의료기관의 간호사 고용은 간호사들의 업무 강도를 높이고 높아진 업무 강도는 업무 스트레스와 낮은 간호 서비스로 이어져서, 결국 간호사들의 높은 이직률로 연결된다. 어디서부터 문제인가? 뫼비우스의 띠처럼 문제의 시작과 끝을 찾기가 어렵다.

취업률로 대학을 평가하고 그 평가로 학과의 존립이 좌우되는 현실이다. 취업과 동떨어진 전공들은 이웃 전공과 통폐합되거나 역사 속으로 사라지고, 취업 잘되는 간호학과는 대학마다 우후죽순으로 생겨난다. 하지만 간호학과는 학과 수업의 많은 부분을 차지하는 실습이 교육의 질을 크게 좌우한다. 따라서 안정적으로 실습할 수 있는 실습 병원의 확보가 선택이 아닌 필수다. 단순히 병원의 분위기를 보려고 실습하는 것은 아니다. 간호 실무의 기본부디 전문적인 영역까지, 임상 간호사의 역할과 책임을 정확하게 파악할 수 있으려면 최소 3차 병원은 되어야 제대로 된 실습이 가능하다. 일단 간호학과부터 신설해 놓고 3차 병원이 아닌 2차 병원에까지 실습을 구걸하러 다니는 학교도 비일비재하다고 하니 매우 안타까운 현실이다. 아무튼 간호학과는 많아졌고, 간호사들은 매년 2만 명씩 쏟아지는데, 그 간호사들은 다들 어디로 가는지 알 수가 없다.

미래학자들은 예측한다. 미래 세대는 평생 동안 3개 이상의 영역에서, 5개 이상의 직업을 갖고, 19개 이상의 서로 다른 직무를 경험하게 될 것이라고. 나의 경우만 보아도 벌써 여러 개의 직업으로 다양한 직무를 경험했는데, 지금은 또 전혀 다른 전공으로 새로운 직업을 가지게 되었다. 단 하나의 직업으로 평생을 살아가던 시대는 이미 끝났다.

요즘 고등학생들은 전공 선택에 많은 공을 들인다. 많은 공을 들일 수밖에 없는 시스템이다. 일단 학생부 종합전형으로 대학에 들어갔다면 '아무 발에나 일단 걸려라'라는 식으로 전공을 선택해서는 어림도 없다. 고등학교 1학년 때부터 전공 관련 학과목을 이수하여 우수한 성적을 받고, 전공 적합성을 어필하기 위해 세부 능력이나 특기 사항에서도 빼곡히 해당 내용을 채웠으며, 교내 방과 후 활동이나 동아리 활동에서도 관련 활동을 했음을 충분히 성공적으로 어필한 것이다.

얼마 전에 그룹 코칭을 하기 위해 다양한 전공의 대학생들을 만났다. 2학년과 3학년 학생 4명이었는데, 그중 2명의 학생이 자신의 전공에 대해 진지한 고민을 하고 있다고 해서 적잖이 놀랐다. 안타까웠다.

물론 적성에 맞는 전공이라고 해서 이야기가 끝나는 것은 아니다. 적성에 맞는 전공이고 4년 동안 열심히 공부하여 학점 관리를 잘했다고 해도 취업시장의 문턱에 서면 한없이 작아진다. 기업의 인사담당자에게 어필할 수 있는 신무기를 장착해야 한다. 경험은 경험대로 스펙은 스펙대로 무엇 하나 빠지지 않게 준비해야 한다.

몇 달씩 혼자 유럽여행을 떠나고 호주나 캐나다로 워킹 홀리데이를 다녀오고, KOICA를 통해 해외 봉사를 간다. 더 넓은 세상에서 온 세계 사람들을 만나 태어나서 한 번도 해보지 못한 경험을 하고 가슴은 더욱 단단해진다. 이전보다 한 뼘 더 성장한 모습이 되어 돌아온다.

경험을 쌓았다면 스펙도 필요하다. 기본적으로 직무와 관련된 자격증과 컴퓨터 활용능력 자격증을 취득한다. 공인 어학 성적을 챙기고 대외활동이나 각종 봉사 활동에도 열심히 참가한다. 창업경진대회 같은 각종 공모전에 팀이나 개인으로 참가하여 수상실적을 만들고, 인턴을 할 수 있는 곳이면 그 어디든 달려간다. 이렇게 준비하고도 직접 회사를 찾아 나서야 한다. 은행권이면 은행권, 마케팅 분야면 마케팅, 학교에서 마련하는 다양한 취업프로그램을 통해 회사의 담당자들을 만난다. 대한민국의 대학생은 단군 이래 최고의 스펙으로 무장하고, 최고의 경험을 가졌으며 취직을 위해 최고의 노력을 다한다.

그런 면에서 보면 간호학과는 일면 편하다 할 수 있다. 물론 학기마다 따야 하는 학점이 상당해서 아르바이트도 여간해서는 하기 힘들지만, 전공 외에 잘 팔릴 만한 다른 무기를 장착하지 않아도 취업이 잘된다는 점에서 일반 전공의 대학생들에게 부러운 시선을 받는다. 하지만 그것이 간호대생의 발목을 잡는 한계일 수 있다. 자신의 잠재력을 끌어낼 수 있는 기회를 놓치고 더 큰 세상에서 날 수 있는 기회를 찾지 않는다. 그래서 본인의 적성과 능력을 병원에 취직한 이후에 알고, 그리고 그 순간이 너무 늦게 찾아와 아예 면허를 꽁꽁 싸매 옷장 깊숙이 넣게 될 수도 있다.

이 책에서 다양한 분야의 간호사들을 만났다. 어떤 이는 나이트 근무가 힘들어 병원을 나왔고, 어떤 이는 휴식이 필요해서 병원을 나왔다. 병원을 나오게 된 이유는 달랐지만 그들은 하나같이 말한다.

병원 너머의 세상이 있다고, 간호사의 길은 다양하다고.

부디 많이 경험하고, 부디 많이 도전하라고.

꿈을 향해 달려가는 그대가 꼭 알아야 할 것들

세상은 넓다. 가고 싶은 곳은 많다.

그대가 가고 싶은 곳은 어디인가? 가고 싶은 곳이 딱히 없다고, 가봐야 거기가 거기라고 생각하는가? 당신이 세상에 대해 더 많이 알게 된다면, 이곳도 알고 저곳도 알게 된다면, 우리가 꿈꾸는 세상은 달라지고 우리가 갈 수 있는 곳은 달라진다. 우리가 가고자 하는 곳이 어디인지 모른다면, 우리는 원하는 목적지에 도달할 수 없다. 우리가 가고 싶은 곳을 정확하게 알아야 우리가 원하는 목적지에 도달할 수 있다.

그대여, 어디로 가고 싶은가? 이제 그곳을 향해 우리의 여정을 시작하자. 자 준비되었는가?

첫째, 당신은 무엇을 좋아하고 무엇을 잘하는가?

당신은 어떤 일을 할 때 가장 행복한가? 시간이 어떻게 흘러가는지도 모를 만큼 빠져서 집중하는 일이 있다면 그 일이 무엇인가? 그 일이 끝나고도 아쉬워서 언제 그 일을 다시 할 수 있을까를 생각하며 그 일만 계속하기를 원한 적이 있는가? 그 일이 바로 당신이 좋아하는 일이다.

어떤 일을 배울 때 그 배움의 속도가 다른 이보다 빠르고, 그 전에 배웠던 그 어떤 것의 속도보다 빨랐던 무엇이 있는가? 거기에 당신의 재능이 있다. 그 일이 바로 당신이 잘할 수 있는 분야다. 당신에게 행복을 주고,

간호사, 딱 3년 만 하라

당신을 살아있게 하고, 당신을 현재의 모습보다 더 나은 모습으로 이끌어 주는 그 무엇이다. 그 무엇을 찾아라. 당신 자신을 탐구하라. 남이 아닌 나, 세상이 아닌 나, 나에 대해 진지하게 탐색하라. 자기 인식이야말로 진로 설계의 출발이다.

나는 새로운 사람과 만나는 것을 좋아하고, 새로운 환경에 적응하는 것을 잘한다. 남들이 많이 가는 길말고 남들이 가지 않는 분야에 도전하여 성과를 내는, 그리하여 나 스스로를 인정할 수 있는 삶을 살기를 원한다. 나의 도전이 남들에게 희망이 되고, 나의 성취가 남들의 도전을 불러일으키길 감히 소망한다.

매일 반복되는 단조로운 임상에 싫증을 느끼고 새롭고 흥미로운 직업을 가진 다양한 사람들과 만나 일하고 싶다면, 제약 마케터가 잘 맞을 것이다. CSI 같은 미드시리즈에 밤을 새우고, 정의 수호와 약한 자들의 권익 대변이라는 말에 가슴이 뛴다면 법의 간호사는 어떠한가? 가진 것 없고 소외된 우리의 이웃들의 처지에 가슴이 아프고 당장 그들을 위해 도움을 주고 싶다면, 보건직 공무원이나 보건소 상담 간호사는 어떠한가?

워렌 버펫은 말한다.

"자신의 타고난 재능을 찾아내고, 훈련과 학습을 통해 발전시켜라. 그리고 그것을 바탕으로 일할 수 있는 분야가 어떤 것인지 찾아내라."

이제 꿈을 향해 달려가기 위해 당신이 꼭 알아야 하는 꿈 여정 두 번째 과정이다.

당신에 대한 탐색을 끝냈다면 이제 구체적으로 당신이 하고 싶은 일을 그려보자. 당신이 원하는 인생을 생각해도 좋고, 중요하게 생각하는 인생의 가치를 떠올려도 좋다. 구체적으로 그려진 당신의 미래는 당신의 가슴을 뛰게 할 것이고, 당신을 그곳으로 끌어당길 것이며, 당신이 가고자 하는 그곳으로 당신을 데려다 줄 것이다.

나는 재미있는 일을 하고 싶었다. 그리고 남들에게 멋있어 보이는 일의 전문가가 되고 싶었다. 마케팅 일은 재미있었고 나랑 맞았다. 적성에 맞으니 오래할 수 있었고, 오래할 수 있어서 전문가가 될 수 있었다. 전문가가 되니 주위의 인정을 받았고, 보상과 보람이 함께 찾아왔다. 일에 대한 프라이드도 일이 내게 준 기쁨이었다.

회사에 다니면서 내가 들은 가장 행복한 찬사는 '국장님처럼 되고 싶어요'였다. 가령 의사들과 자문회의를 진행하려면 며칠 동안 자료 조사를 하고, 그 조사를 바탕으로 다시 며칠 동안 시나리오를 만든다. 클라이언트의 피드백을 받아 시나리오를 수정하고, 다시 피드백을 받아 시나리오를 재수정한다. 그렇게 지난한 과정을 거쳐 자문회의를 하는 날이 되고, 의외의 변수들이 넘쳐나는 상황에서 성공적으로 프로젝트를 마쳤을 때, 사실은 클라이언트의 반응보다, 참석한 의사 선생님들의 호응보다, 회의를 함께 만든 후배들의 인정이 제일 뿌듯했다. 선배로서 그들에게 좋은 길을 안내한 것 같아서, 나 역시 그들에게 좋은 롤모델이 된 것 같아 기뻤다. 그리고 그 인정을 넘어 내 안에서 넘쳐나는 자신감, 행복감이 좋았다. 그것이 아마 20년 넘게 같은 일을 하고서도 이 일을 계속하는 이유라

간호사, 딱 3년만 하라

생각된다. 나는 재미있는 일을 한 것이었다.

이제 세 번째 과정, 당신이 가고 싶은 그곳으로 가기 위해 당신의 롤모델을 찾아라. 그 사람은 인생에서 어떤 가치를 중요하게 여기고 자신이 원하는 모습이 되기 위해 어떠한 노력을 하는지, 평소 어떤 습관들을 가지고 있고 사람들과는 어떻게 관계를 맺는지, 그 사람의 모습에서 당신의 미래를 보아라.

나의 롤모델은 내가 처음 제약 마케팅을 배운, 제약 전문 리서치 회사 파맥스의 송명림 대표이다. 요즘은 프로의 이미지가 단편적인 모습이 아니라 다양한 모습으로 변주될 수 있음을 알지만, 20년 전에는 머리부터 발끝까지 완벽한 송 대표의 모습에 프로다움을 느끼고 적잖이 감탄을 했다. 회사에 입사한 지 얼마 되지 않았을 때, 그녀의 카리스마를 확인하게 된 사건이 있었다. 정성 조사의 일종인 원탁토론(Round Table Discussion)을 서울 시내 주요 대학병원 순환기내과 선생님들을 모시고 진행하는 날이었다.

본격적으로 회의를 시작하기에 앞서 송 대표는 자신의 소개를 마치자마자 이렇게 말했다.

"선생님, 이 빨대가 지금 보시는 이 감자를 통과할 수 있을까요?"

송 대표의 한 손에는 감자 한 알이, 다른 한 손에는 빨대가 들려 있었다. 참석한 의사 선생님들은 모두 한 번씩 감자를 만져보며, 쉽게 구부러지는 빨대를 바라보며 알 것 같다는 웃음을 입가에 머금었다. 아무래도 저

빨대로는 단단한 감자의 조직을 뚫을 수 없을 거라 생각하는 듯했다. 그때 송 대표는 아주 빠른 동작으로 빨대를 감자에 꽂는, 마술과도 같은 이벤트를 펼친다. 일순 정적이 돌았다가 모두 박수를 치며 탄성을 내지른다. 누구도 생각하지 못한 퍼포먼스를 통해 의사들의 뇌리에 본인의 이미지를 각인시켰다. 동시에 의사들의 마음은 열리고, 이제 송 대표가 하는 말은 무엇이든 마음을 열고 듣는다.

나는 그때 알았다. 회의를 진행하는 조정자(Moderator)는 회의만 진행해서는 안 되고, 참석하는 사람들의 기대에 부응하여 무엇을 보여줄 수 있어야 하는구나. 이후 나는 한편의 쇼를 준비하는 심정으로 회의를 준비했다. 시나리오 준비는 기본 중이 기본이다. 그 기본을 의사들과 더 잘 소통하기 위해, 의사들의 마음을 열 수 있는 간단한 유머나 퀴즈 그리고 의사들의 기억에 남을 만한 작은 선물을 준비했다. 의사들은 마음을 열었고, 열린 마음은 나에 대한 호감도 상승으로 이어졌다. 이후 회의는 물처럼 부드럽게 진행되었다.

언제 어디서나 완벽한 화장을 하고, 딱 떨어지는 정장에 킬힐을 신고, 당당하고 힘 있게 말하는 그녀는, 마케터가 어떻게 클라이언트와 커뮤니케이션을 해야 하는지, 전문가로서의 자존심은 어디서 내보이고, 자신의 역량은 어떻게 개발하고 다듬어야 하는지 모든 직원들에게 좋은 본보기가 되었다. 회사가 한창 잘 나가던 시절에도 매일 새벽 오랜 산책을 하며 회사의 비전과 미래의 먹거리를 고민했다는 이야기가 지금에 와서야 가슴에 와 닿는다.

롤모델을 찾았다면, 롤모델에게 직접 연락을 취해보자. 먼저 걸어간 그 길에 대해 그 길의 힘든 점에 대해 물어보고, 필요한 정보나 조언을 얻을 수 있다. 미래의 모습에 확신이 없다면, 자세한 세부 그림이 그려지지 않는다면 롤모델에게서 응원의 메시지를 받는 것만으로도 충분히 큰 힘이 될 수 있다.

그런데 롤모델을 찾기 어려운가? 그렇다고 벌써 실망하긴 이르다. 아직 그 분야의 전문가가 없거나 그 전문가의 활약이 미비한 것이다. 당신이 그 전문가가 되면 된다. 길을 내고, 그 길의 제일 앞에 서 있는 그대의 모습을 상상하라.

이제 당신이 되고 싶은 모습으로 살기 위한 네 번째 과정, 꿈으로 가기 위한 로드맵을 그려라. 임상에서 몇 년, 그 이후에는 자격시험 준비 혹은 임상 후 제약회사 영업사원을 거쳐 제약회사 PM. 길은 어러 갈래다. 길을 가면서 그 길을 알아가는 것도 나쁘지 않다. 생각보다 내가 그 역량이 부족할 수도 있고, 예상보다 업무 환경이 열악할 수도 있다. 중간 중간 모르는 것을 물어보고, 직접 현장에서 부딪혀라. 조금 다른 꿈을 꾸고, 먼저 행동으로 실천한 간호사 선배들도 처음에는 방황하고, 실패하고, 길을 잃었다. 하지만 그들은 자신이 원하는 삶에 대해 조금 더 고민했고, 자신이 잘하는 것을 찾기 위해 조금 더 노력했을 뿐이다.

간호사 면허는 시작을 알리는 신호탄이다. 전공 자체에만 만족해서는 안 된다. 다양한 분야에 직접 뛰어들어 경험해야 한다. 경험하지 않으면 알 수 없다. 의외로 임상이 잘 맞는 사람도 있다. 정확한 업무 분장, 비교적 확실한 근무 시간, 내가 해야 하는 일은 분명하다. 매번 업무에 대해 고민하지 않아도 되고, 내 능력을 의심하지 않아도 된다. 시간과 함께 직무 역량은 분명 숙련되고, 그 끝은 반드시 있다.

적성이 병원이 아니라고 생각되는가? 물러서지 마라. 병원말고도 그대의 능력을 펼칠 곳은 얼마든지 있다. 사신에게 잘 맞는 분야를 찾자. 어떤 분야가 맞는지 모르겠다고? 그럼 해보면 된다. 일단 선택했다면 최선을 다해 도전해라. 해보고 잘 맞으면 계속하고, 맞지 않으면 그만두면 된다. 잘 맞으면 쉽게 할 수 있고, 쉽게 하다 보면 내 능력이 나타난다. 이제 거기서 나의 전문성이 꽃 핀다. 우리는 우리의 의지와 상관없이 100세 아니 120세, 130세까지 살아야 한다. 우린 충분히 유턴할 수 있다. 유턴해서 다시 길을 찾으면 된다.

이제 마지막 과정이다. 지금까지 달려온 그대를 믿어라. 당신의 판단이 옳다. 당신에 대해 제일 잘 아는 사람도 당신이고, 그 직무에 대해 고민에 고민을 한 사람도 바로 당신이다. 당신이 가고자 하는 곳이 당신에게 맞는 곳이고, 당신이 하고자 하는 일이 당신이 원하는 일이다. 당신을 믿고 당신의 판단에 자신을 가져라.

그리고 지금의 상황은 언제든지 변할 수 있음을 기억해라. 우리가 아무리 열심히 예측한다고 해도 모든 것은 변한다. 그 어떤 것도 영원할 수 없다. 이전에 경험하지 못한 세상이 이미 우리 곁에 와 있다. 어른들이 말하는 좋은 직업이 좋은 직업이 아니고, 부모가 말해주는 전망 있는 직업이 전망 있는 직업이 아니다.

당신이 원하는 삶을 살아라. 새로운 세상이 왔고, 기회는 도처에 있다. 다만 우리가 그것을 알아채지 못할 뿐이다. 한때 임상 간호사였던 나는, 그리고 오랫동안 제약 마케터였던 나는 전문 코치가 되었다. 재미를 찾아 다양한 직무를 섭렵했던 나는 이제 코칭을 하면서 인생의 의미를 찾는다.

인생은 우리가 그린 그림의 크기만큼만 피어난다. 우리가 될 수 없다고 생각하면 정말 될 수 없다. 우리가 될 수 있다고 믿어야 정말 되는 것이다.

당신은 장미꽃이다, 당신이 믿는다면.

당신은 사과나무 꽃이다, 당신이 사과를 맺기 원한다면.

당신은 꽃이다, 당신이 꽃피우길 원한다면.

그 누구도 닮지 않은 그대는 그 누구도 흉내낼 수 없는 그윽한 향기를 가졌다. 당신을 꽃피워라. 당신은 충분히 아름답다.

아직 나는 마케터입니다

많은 사람들이 4차 산업혁명시대, 기존과 같은 직장은 많이 해체될 것이라 예언한다. 바야흐로 프리랜서의 시대가 도래한 것이다. 하지만 그 프리랜서가 나처럼 오랫동안 직장에서 있었던 사람에게, 제약 마케팅을 했던 사람에게도 해당되는 일이라 생각하지 않았다.

마케팅 에이전시를 나오고, 진로 강사 일을 시작하며 제약 마케팅 일과는 완전히 끝이라고 생각했다. 그런데 중학교, 고등학교에서도 제약 마케터 진로 수업에 관심이 높고, 기존 일하던 곳에서도 업무 요청이 꾸준히 들어왔다. 아직은 잘 나가는 강사도 고객이 줄 서 있는 코치도 아니기에, 대학원 학비에나 보태자 싶어 퇴사 직후 고사했던 일들을 조금씩 받기 시작했다. 이전 직장에서의 동료 혹은 후배가 회사를 차려서 메디컬 콘텐츠 개발 업무를 의뢰해 왔고, 마지막으로 근무했던 회사에서는 상근이 아닌 외부 컨설턴트라는 포지션으로 프로젝트를 맡아달라고 했다. 주로 면대면 심층 조사나 자문회의에서 종합병원 의사 선생님들과 원활한 소통을 해줄 전문가가 필요했던 거다.

외부에 나와 프리랜서로 일을 하니 20년간 부대끼며 해오던 일들이 좀 색다르게 다가왔다. 대부분 을의 편에서 회사의 입장을 제약회사에 대변만 했는데, 이제야 고객의 모습이 제대로 보이기 시작했다. 고객이 원하는 바를 고민하고, 고객의 편에서 일을 진행시켜 나갔다. 이제 나의 고용 형태는 갑도 아닌 을도 아닌 병 어디쯤이 되겠지만, 일에 대한 집중이나 서비스의 질은 이전과 비교할 수 없을 만큼 더 나아졌다.

일을 주는 그들이 고마웠고, 내가 더 해줄 수 있는 게 무얼까 생각하게 되었다. 회사라는 울타리 속에서 나는 콧대 높은 '을'이었는데, 황량한 벌판에 서 있는 지금의 나는 더 나긋나긋해지고 여유가 생긴, 맘 좋은 '병'이 되었다. 하긴 이제 갑인지 을인지는 하나도 중요하지 않다. 나는 어디에 있건 나의 일을 할 뿐이다. 그 중요한 원칙을 회사를 나와서야 알게 되었다. 아마도 내가 코치로서 살고, 내 삶 속에서 코칭의 철학을 실천하려 애쓰기 때문에 그런가 싶다. 아무튼 한 회사에 속해있던 때보다 마음이 많이 편해졌다.

'정말 위대하고 감동적인 모든 것은 자유롭게 일하는 이들이 창조한다.'

알버트 아인슈타인(Albert Einstein)이 한 말이다. 지금이야말로 내가 좋아하는 일을 자유롭게 할 수 있고, 내가 잘하는 일에 더 에너지를 쏟아 위대하고 감동적인 일들을 만들 수 있다. 나의 전성기가 막 도착하였다.

대학원에는 나이 든 학우들이 꽤나 많다. 30대부터 60대까지 다양한 나이대의 학우들 속에서 50대 후반, 60대 초반의 그들이 왜 이렇게 공부를 열심히 할까 생각한 적이 있다. 그들은 고등학교 때처럼 좋아하지 않는 공부를 억지로 하는 것이 아니라, 스스로 찾아서 스스로 탐구하며 길지 않은 2년여의 세월을 즐긴다. 지난 세월 자신의 전문 분야에서 이미 인정을 받은 그들은 편안한 삶에 안주할 수 있지만, 다시 도전하는 삶, 성장하는 삶에 가치를 두고 한 걸음을 뗀 것이다. 그들은 길어진 인생 후반기, 자신의 효용감을 더욱 높이며 공동체에 공헌하고 성숙한 개인이 되고자 한다. 외부 환경에 떠밀려 하는 공부가 아니라 자신의 선택에 의해, 자신의 잠재력을 계속 키워가는 것에 기쁨을 찾는 것이다.

이는 자기결정이론(Self Determination Theory)을 창시한 에드워드 데시(Edward Deci)와 함께 내적 동기를 함께 연구한 리처드 라이언(Richard Ryan)이 수백 명에게서 얻은 데이터에서도 증명되었다. 내적 동기에 의해 일을 하는 사람은, 그리고 공부하는 사람은 자신을 더 긍정적으로 인식하고 더 행복하다고 한다. 나의 학우들도 그리고 나도 예외일 리 없다. 그들을 응원한다. 나는 더 긍정적이고 더 행복한 사람이 되었다.

기대한 적 없지만 직장을 나와 새로운 길을 보았다. 내가 가진 경험은 헬스케어 시장에서 아직까지 효용가치가 있고, 제약 마케터로서 나의 역량은 여전히 희소가치가 있어 그들은 나에게 여전히 손짓한다.

나는 병원과 영업현장에서 나의 인내력과 가능성을 보았다. 나는 제약회사와 마케팅 에이전시에서 나의 분석 능력과 응용력, 창의성을 보았다. 나는 막다른 길에서 제약 마케터라는 직업을 찾았고, 또 한 구비를 꺾은 곳에서 코치라는 직업을 만났다.

나는 행복한 코치다. 그리고 나는 행복한 마케터다. 그리고 이 모든 것을 가능하게 만들어준, 나는 내가 간호사여서 차암 좋다.

태평양을 건너서
美 캘리포니아 D투석 회사 / 투석 전문 간호사

Q. 지금 다니고 있는 직장은 어떤 곳이고, 그곳에서 어떤 일을 하나요?

A. 저는 지금 다비타(DaVita)라는 투석 회사에서 투석 전문 간호사로 일하고 있습니다. 하루에 12시간씩 3일 근무하고, 1일은 당직 근무(On Call)로 일합니다.

Q. 어떤 계기가 있어서 미국으로 가게 되었나요?

A. 미국에는 어릴 때부터 오고 싶었습니다. 대학교 졸업 후 대학병원에서 3년 정도 근무하면서 미국간호사 자격증(NCLEX-RN) 시험을 차분하게 준비했습니다.

Q. 병원 근무하면서 시험 준비가 힘드셨을 텐데, 본인만의 노하우가 있었나요?

A. 처음 졸업하고 2년은 온라인으로 수업을 들었는데 전혀 도움이 안되더라고요. 사람마다 다르겠지만 저는 공부를 계속 미루게 되고 제대로 공부하기 힘들었습니다. RN to BSN이랑 NCLEX-RN 중에 고민하다가 NCLEX-RN을 택했습니다. BSN을 하기에는 연차가 너무 어리고 휴무 때

부산까지 내려가서 공부하는 게 힘들 것 같더라고요. 때마침 이화여대에서 NCLEX-RN 강의를 시작했고 사는 곳과 멀지 않아서 공부할 수 있었습니다. 같이 일하는 병동의 선생님들 배려로 공부하기가 수월했지요. 데이와 나이트 근무 때는 인계가 끝나자마자 바로 수업 들으러 가고, 이브닝 근무 때는 오전에 수업을 듣고 오후에 바로 출근했습니다.

나중에 시험을 앞두고는 수간호사 선생님과 선배들의 배려로 근무시간을 조정했습니다. 오프 날은 무조건 학교에서 수업 듣고 도서관에서 복습했습니다. 수업 들은 것을 정리하고 문제집 풀고 오답 노트를 정리하는 식으로요. 저만의 공부법이라면, 오답 정리를 문제집에도 똑같이 합니다. 이론을 철저하게 외운다고 생각하고 정리했어요. 또 스터디 메이트가 있으면 도움이 됩니다. 같이 시험을 보고 나서 한 명이 떨어지면 서로 연락을 안 하게 되는 단점이 있지만요. 그게 아쉽지만 스터디 메이트가 있으면 확실히 공부하는 데는 도움이 됩니다. 집중적으로 1년을 공부해서 시험을 통과했습니다.

Q. 1년 만에 시험을 통과했다니 정말 대단합니다. 혹시 N-CLEX RN 커뮤니티에서 도움을 받았는지 궁금합니다.

A. 제가 NCLEX-RN시험을 본 해는 2008년이었습니다. 그 당시에는 지금처럼 커뮤니티가 많이 활성화되지 않아서 저는 공부하던 이화여대에서 자료를 얻었습니다.

Q. 시험과 별도로 영어에 대한 준비는 어떻게 하셨나요? 도움이 되었던 과정이 있었다면 소개해 주세요.

A. 초등학교 5학년 때부터 어학당에 다녔고, 주로 회화 위주로 공부했습니다. 남들이 성문영어를 볼 때, 저는 미국 영화나 드라마 보는 것을 좋아했습니다. 좋아하는 미국 드라마나 영화를 자막 없이 그냥 무조건 봅니다. 그러다가 어느 순간 대화가 들리면 영어 자막을 넣고 봅니다. 다음에 한국어 자막을 넣고 보고, 다시 영어 자막을 넣고 보면서 들리는 말마다 따라합니다. 따라하고 계속 반복하다 보면 어느 순간에 에피소드 하나가 제대로 들립니다. NCLEX-RN 공부하면서 영어 공부는 같이 하는 걸 추천 드립니다. 정말 큰 도움이 됩니다.

Q. N-CLEX RN 시험만 보고 그대로 자격증을 사장시켜 버리는 경우도 종종 보게 됩니다. 미국에 가고 싶다와 미국에 가겠다 사이에는 많은 갭이 있는데, 시험에 통과한 이후 미국으로 가기 위한 준비는 어떻게 하셨나요?

A. 시험을 패스한 후 미국 대학의 간호학과에 편입하려고 했습니다. 그래서 미국에 어학연수를 왔고, 1년의 어학연수 후에 뉴욕의 유명한 대학에 편입이 확정되었습니다. 그런데 그때 잠시 한국에 들어왔다가 어머니께서 많이 편찮으셔서 편입을 포기하게 되었습니다. 3년 안에는 미국을 다시 가야지 했는데 결국 만 3년 반이라는 시간이 걸려 다시 미국으로 돌아왔네요.

Q. 아, 그러셨군요. 미국에서 직장을 구하는 데 어려움은 없으셨나요?

A. 미국에서 일을 하려면 어떤 직업이든 신분이 중요합니다. 그래서 병원, 에이전시 등과 꾸준히 연락하고 있었습니다. 아는 언니가 다비타 (DaVita)에서 간호사로 일하고 있었는데, 다비타에도 이력서를 계속 보냈습니다. 그러던 중 좋은 기회로 인터뷰를 보았고 영주권 스폰서를 받게 되어 일하게 되었습니다.

Q. 일에 대해 보람을 느낄 때는 어떨 때인가요?

A. 미국도 똑같습니다. 환자들의 아픔을 이해하고 관심을 가져주면 고맙다고 이야기합니다. 한국이랑 다른 점이라면, 미국 사람들은 "Thank you"라는 말을 아주 잘 합니다. 형식적으로 하는 것이 아니라 진심으로 고마움을 느껴 말한다는 것이 느껴집니다. 그 순간순간마다 보람을 느낍니다.

Q. 타국에서 힘든 일도 많을 것 같습니다. 힘들었던 일도 말씀해 주세요.

A. 미국에도 별별 사람이 다 있습니다. 병원인데 무슨 호텔처럼 요구하는 사람도 있고, 구시렁구시렁 계속 불평하거나 큰 소리를 내는 사람도 있습니다. 근데 한국어로 들으면 타격이 클 텐데 영어로 들으니깐 그냥 흘려보냅니다. 타격이 반으로 줍니다. 회복실 간호사로 일하는 어떤 친구는 환자가 일어나서 하나부터 열까지 다 해달라고 하더랍니다. 계속

들어주다가 한마디 했답니다.

"내가 해주는 것은 상관없는데 너 10분 뒤면 시간당 300불 차지 되는 거 알지?"

미국은 간호사들은 테크니션(Technician)들과 같이 일합니다. 간호사가 차트에 기록하고 오더 받고 시행하는 사람이라면, 테크니션은 그 외에 다른 것을 챙기는 사람이라고 보면 됩니다. LPN(License Practitioner Nurse)이라고 생각하시면 됩니다. 근데 먼저 오래 일했던 사람들이 많아서 텃세가 있습니다.

Q. 투석 전문 간호사의 전망은 어떤가요?

A. 투석 환자는 앞으로도 증가할 것입니다. 미국은 한국과 다르게 간호사 분야가 잘 나누어져 있는 편입니다. 아직은 신장 쪽으로 전문 간호사(Nurse Practitioner)가 없지만, 아마 곧 생기지 않을까 생각합니다. 전문 간호 분야가 생기는 것이지요. 저는 NCLEX - RN을 준비할 때 PICC와 NP에 관심이 많았습니다. 아마 내년 후반기에는 이 두 가지를 준비하고 있을 것 같습니다.

Q. 최근 외국에서 근무하는 간호사들에 대해 많은 동경이 있습니다. 외국에서 취업하려면 어떤 준비가 필요한가요?

A. 다비타에서 일하려면 투석 경험이 있는 게 좋습니다. 하지만 경험이 없어도 체계적인 교육을 회사차원에서 지원합니다. 간호 전문 지식

이 꼭 필요하며 신장에 대해 자세하게 알아야 합니다. 또 환자를 대하는
방법도 중요합니다.

Q. 일하면서 있었던 재미있는 에피소드 하나 소개해 주세요.

A. 아직 일한 지 오래 되지 않아서 재미있는 에피소드는 없네요. 가장
어려웠던 것은 문화 차이였습니다. 미국은 다양한 문화를 가진 사람들
이 많습니다. 그러다 보니 환자를 대하는 것이 너무 어렵더라고요. 한국
은 같은 정서를 가졌고 의사 전달을 쉽게 할 수 있지만, 미국은 환경도
다르고 정서도 다르며 언어도 달라서 겪는 고충이 있습니다. 영어를 능
숙하게 하고 안 하고의 차이가 아니라 상대방의 문화적인 차이도 이해
해야 합니다.

Q. 요즘은 외국에서 근무하고 싶다는 대학생들이 많습니다. 이런 점은
주의해야 한다, 경계해야 한다는 점은 어떤 것이 있을까요?

A. 미국은 확실히 한국이랑 다릅니다. 한국이랑 비교하는 것 자체가 안
되죠. 돈만 보고 미국 간호사 하실 거면 그만두라고 하고 싶네요. 돈만 보
고 하기에는 내 인생을 걸어야 하는 것이라 쉽지 않죠. 영어는 하다 보면
늡니다. 미국 오실 생각이면 인생을 걸어야 해요. 친구, 가족 모든 추억
이 있는 한국을 두고 환경 자체도 다른 곳으로 오는 것이니까요. 새로운
사람들, 새로운 환경, 모든 것이 새로운 곳에서 새로 시작해야 하니까요.
미국에 있는 한국 사람들이 새로 온 사람을 도와준다? 그건 아주 옛날 말

간호사, 딱 3년만 하라

같아요. 같은 한국 사람도 조심해야 합니다. 한국이든 미국이든 간호사는 사명감도 있어야 하지만 한국에서 사는 마인드로는 미국에서 살기 힘들어요. 하지만 미국은 내가 일한 만큼 확실한 보상이 있는 곳이라고 생각해요. 10번 넘어져도 11번 일어날 생각을 하고 오셔야 합니다. 남의 나라에서 이민자로 산다는 것은 생각보다 힘듭니다.

Q. 외국에서 근무하고 싶다는 간호사 후배들에게 한말씀 해주세요.

A. 미국이나 호주와 같은 외국에서 일하고 싶다면, 임상 경력이 적어도 2년 이상이어야 합니다. 제 경험상 어느 정도의 임상경험이 있을 때 NCLEX-RN을 공부하면 시험 준비가 더 쉽고, 결국 임상에서 환자에게 전달하는 지식에도 차이가 생깁니다. 미국 간호사를 꿈꾸는 후배들에게 제가 하고 싶은 말은 우물 안 개구리가 되지 말라는 겁니다. 현실에 안주하지 마세요. 지금 내가 일을 잘한다고 해서 다른 곳에 가서도 잘한다는 보장은 없어요. 항상 겸손하게 상대방의 마음을 헤아리면서 일하세요. 같이 일하는 선배보다 후배를 한 번 더 챙겨주세요. 일하면서 해외여행도 가보고 많은 사람들을 만나서 시야를 넓히세요. 그리고 준비하세요. 기회는 누구에게나 오지만 준비된 사람만이 그 기회를 잡을 수 있어요. 늦지 않았어요. 지금부터라도 시작하세요.

"당신은 왜 간호사가 되고 싶으세요?"

간호사라는 직업이, 아니 정확히 말하면 간호학과의 인기가 식을 줄 모릅니다. 친구네 딸도 간호사가 된다고 하고, 앞 집 고등학교 3학년 학생도 간호학과에 가고 싶어 합니다. 그렇습니다. 2018년 교육부와 한국직업능력개발원이 실시한 「학생 희망 직업 선호도」 조사에 따르면 고등학생들에게 간호사는 교사 다음으로 선호하는 직업입니다. 이는 조사가 시작된 2007년 이래 간호사의 순위가 지속적으로 상위권에 랭크되었다고하니 간호학과의 인기가 어제 오늘 일은 아닌 듯합니다.

간호사라는 직업이 학생들에게만 선호되는 것도 아닙니다. 최근 사람인에서는 직장인 625명을 대상으로 미래 자녀의 희망 직업에 대한 선호도 조사를 실시하였는데 이 자료에 따르면, 미래 자녀의 희망 직업 선호도 1위는 공무원(31.4%, 복수응답)이고, 2위는 의사, 간호사, 약사 등 의료인(21.6%)이라고 하니 역시 부모님들에게도 간호사는 인기있는 직업입니다.

현재도 불안하고 미래도 불안한 우리들은 직업의 안정성을 직업 선택의 최우선 조건으로 꼽게 된 지 오랩니다. 청년 실업난, 우리 아이만은 이

전쟁터에서 반드시 살아 남아야 하니까요. 희망 퇴직, 조기 퇴직의 고문에서 우리 아이만은 걱정없이 살게 하고 싶으니까요.

그럼 간호대학에 가면 정말 취업이 잘 될까요? 4년제 간호학과의 취업률은 85.4%, 3년제 간호전문대의 취업률은 86.4%이라니 서울대 취업률이 70%를 하회하고 있는 현실에서 놀라운 수치이기는 합니다.* 취업이 보장되는 가장 확실한 전공이고, 그 선택은 가장 현실적이고 영리한 선택일 수 있습니다.

맞습니다. 간호학과의 취업률은 90%에 육박합니다.

그런데 그렇게 취업한 간호사들은 병원에서 얼마나 오랫동안 근무를 할까요? 2018년 보건복지부 조사에 따르면 간호사의 평균 근속기간은 6.2년으로, 외국 간호사 평균 근속기간 18.1년의 3분의 1 수준에 그친다고 합니다. 대한간호협회의 조사에 따르면, 지난 2014년 기준 신규 간호사의 평균 이직률은 34%, 간호사 평균 근속 연수는 5.4년으로 복지부 조

---

*교육부 고등교육기관 졸업자 취업통계 연보, 2016)

사보다 너 떨어집니다.

여기서 우리는 간호사들이 병원을 퇴사하는 이유에 대해 들여다 보아야 합니다. 병원을 퇴사하고 힘들게 딴 면허증을 장롱 속에 묵히며 다른 일을 찾는 이유를 생각해야 합니다.

병원의 인력난이 심각합니다. 특히나 숙련된 업무를 할 수 있는 고연차의 간호사가 부족해서 신규 간호사를 제대로 트레이닝시킬 수 없다고 합니다. 사람은 없고, 교육은 제대로 되지 않고, 적은 인력으로 겨우 꾸려가다 보니 업무는 더욱 힘이 들어 간호사들은 퇴사의 위기에 내몰립니다. 물론 병원의 문제는 개선되어야 합니다. 더 나은 환경을 만들어 제대로 환자들이 간호를 받을 수 있도록, 간호사들이 오래오래 자신의 전문성을 인정받으며 인간으로서의 존귀함을 지켜가며 일을 해야 합니다. 이를 위해 법적, 제도적 장치를 마련하는 것은 국민건강을 위한 중장기적 숙원사업으로 반드시 관철되어야 합니다.

제가 드리고 싶은 말씀은 개인이 할 수 있는, 개인 차원의 노력에 대한 부분입니다. 임상의 업무가 본인의 적성과 능력에 맞는지, 병원이라는 환경이 자신이 원하는 직장의 모습인지 고민하고 선택했는지 묻고 싶습니다. 일단 병원에 취업부터 하고 나서 간호사의 진로를 고민할 것이 아니라 더 넓은 시야를 가지고, 자신에게 맞는 분야를 찾아 도전할 시간을 간호대학에서부터 가져야 한다고 생각합니다. 간호학과 전공을 선택하기 전에 고민한다면 더 좋은 선택을 할 수도 있겠지요. 원론적인 얘기처럼 들리지만 진로를 선택하는 데 있어 가장 중요한 부분이고, 우리가 많이 간과하는 부분입니다.

간호사, 참 멋진 직업입니다.

간호학과 4학년 때, 친구들과 옹기종기 모여 했던 수다가 생각납니다. 결혼해서 딸을 낳았는데, 무지 말을 안 들으면 간호학과에 보내 공부나 억수로 시키자 했네요. 결국 저는 제약 마케터 일을 하며 학생 때보다 더 많은 공부를 했고, 코치를 하는 지금도 공부를 합니다. 철없던 그 때의 수다가 귀여운 투정처럼 들리네요. 아마 나의 사랑하는 딸이 간호학을 전공한다고 하면 가슴 깊이 응원의 박수를 보낼 것입니다.

사람을 살리는 멋진 전공이고, 계속 연구하고 발전하는 분야이며 타 전공과의 융합이 가능한 전공이라 말해줄 겁니다. 4차 산업혁명 시대에 AI

에게도 결코 밀리시 않을 헬스 케어 스페셜리스트(Health Care Specialist)를 만들어 줄 전공이라 자신 있게 말해줄 겁니다.

이 글을 읽는 간호사 선생님들, 간호학생들 그리고 제약 마케터를 꿈꾸는 여러분.

이 책을 읽으며 자신의 강점에 대해, 자신이 중요하게 생각하는 인생의 가치에 대해 생각하는 시간을 가졌다면 절반은 성공입니다. 이제 본인에게 특별히 관심 가는 일에 대해 시간을 할애해 알아보겠다고 마음을 먹었다면 제가 기대한 이상을 해내신 겁니다.

누구도 해낸 적 없는 성취란 누구도 시도한 적 없는 방법을 통해서만 가능하다고 프랜시스 베이컨이 말했습니다. 2,000번의 실패를 딛고 전기를 발명한 에디슨처럼, 아무도 시도한 적 없는 배면뛰기를 처음 시도한 포스베리처럼, 우리는 도전을 두려워해서는 안됩니다. 실패가 두려워서 시작조차 못 하는 어리석음을 범해서는 안됩니다. 모두가 과정일 뿐입니다. 한번뿐인 인생, 우리는 우리 안의 최고의 모습을 만나야 합니다.

출발선에 선 여러분을 응원합니다. 20년 전 사직서를 용감하게 냈던 나를 닮은 그대들을 응원합니다. 당신은 최고입니다.

20년 제약 마케터가 말하는 간호학 전공에 날개 달기

간호사, 딱 3년만 하라!

초판 1쇄 인쇄일 | 2020년 3월 10일
초판 1쇄 발행일 | 2020년 3월 15일

지은이 | 김정희
펴낸곳 | 북마크
펴낸이 | 정기국
디자인 | 서용석
관리 | 안영미

주소 | 서울특별시 중랑구 중랑역로 272 태양빌딩 10층(묵동)
전화 | (02) 325-3691
팩스 | (02) 335-3691
홈페이지 | www.bmark.co.kr
등록 | 제 303-2005-34호(2005.8.30)

ISBN | 979-11-85846-87-3 13320
값 | 16,500원